量子轉念的效應2

翱翔於量子心靈、多維時空、全息意識場

陳嘉堡——著

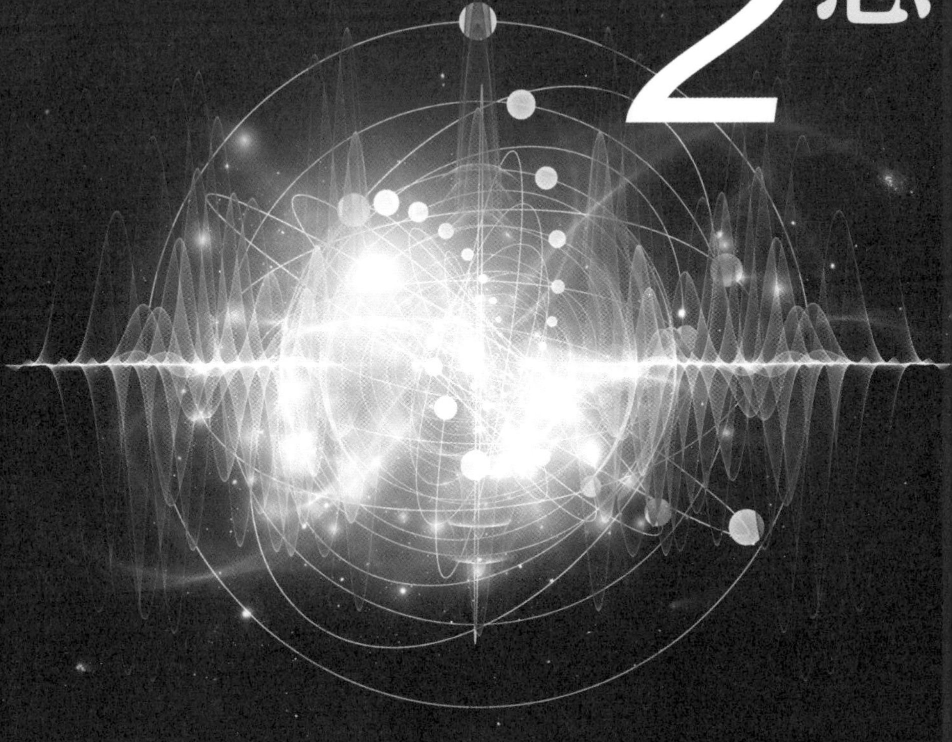

目錄

推薦序

★成功大學電機系　張凌昇教授

很多人希望自己過得更好，希望自己能免於恐懼，因此，不斷地找方法，希望能借助外在的力量來解決問題，卻往往錯過了真正的核心問題。這本書清楚地點出，在這樣的成長過程中會面臨到的盲點與歧路，導引讀者把注意力拉回到自己的身上，勇敢地面對自己的陰暗面，找到過去事件的威力點，轉化背後的核心信念。一旦自己的信念改變了，過去、現在、未來也同時跟著改變，這就是在物理界裡有名的「量子糾纏效應」，超越時間與空間。因此，想要覺醒，想要讓自己更好，想要免於恐懼，這是要付出代價的，而這個代價就是「改變自己」。嘉堡老師這十幾年來，鑽研意識的實修，透過日常生活的實證，將內在的心得整理歸納出一條有系統的路徑，希望藉由這個方法，讓更多的人走在認識自己的道路上。

★全人生命教育中心及綠色療癒創辦人　藍米克

和陳嘉堡老師結緣始於他的《量子轉念的效應》一書。由於朋友的關係而結識了嘉堡老師，第一眼的印象是：他以型男的外表包裝著「靈性導師」的身分。在交談後卻發現嘉堡老師有別於外表的細膩與深邃，而印象深刻；最後則是在《量子轉念的效應》書中才看見真正的嘉堡老師——彷彿用著顯微鏡發現人類意識的科學家，而書中則是將他的發現，一字一句地讓人們能夠明白，在現實中看不見、摸不著的意識是如何生成？又是如何影響著每個人的生命？而人們又該如何才能夠扭轉自己的人生？

因此在得知嘉堡老師將出版《量子轉念的效應2》時，我自然搶在第一時間閱讀完這本讓人再次深刻感動的大作。而這遠遠超過我和嘉堡老師如同天堂家人般的情誼，那就是：終於有人把高維度的意識層次，用華文將理性架構和感性胸懷落實在一本書上。事實上，這樣的角度我多半看到的都是由西方新時代底蘊的精緻邏輯，佐以科學與哲學完美融合後才能夠表現出來的。可想而知，這類的訊息均需藉由翻譯才能到讀者手裡，但幸運的《量子轉念的效應2》的讀者，將能夠在文字與文化無縫銜接下，一睹量子轉念的全貌。

書中由布達賀和嘉堡老師的對話開始，輔以其他個案以及其後的練習，我知道這本書要給幸運的讀者們一個全新的探索空間。在這個「神聖之境」，讀者們將可自由自在地依著書中的指引，靜靜地看看自己的生命故事中，有哪些是屬於可以創造的奇蹟。而當我讀到第六章時，那共鳴與興奮，就如同我在創辦「綠色療癒」而應用在教學與工作坊時的成功一樣開心。因為我看到《量子轉念的效應2》帶領讀者們進入另一個意識空間中的「神聖之境」，就如同我善於帶給人們一座森林、一片海洋的信息場般。

「愛就是給人們明白，生命其實有其他的選擇、其他的可能性」，進而走入另一個靈性的視角。我在這裡要祝福所有的讀者，能因嘉堡老師這本書的善知識、善因緣，讓「世界因你而不同、世界因你而覺醒」。

作者序

我將意識視為根基，我將物質視為意識的衍生物，而人類無法看穿意識。

——量子力學創始人 馬克斯‧普朗克（Max Planck）

在這兩年當中，因為《量子轉念的效應》這本書在二〇一六年三月三十一日的問世，我陸續在Facebook與生活上會收到不僅來自台灣當地及中國大陸、港澳地區，還有世界各地與國家，如：澳洲、美國、法國、德國、英國、荷蘭、加拿大、日本、新加坡、馬來西亞等許多華人朋友的留言或私訊。

不局限只是心靈圈的人或心靈老師，各種行業、職業、學歷、身分、年齡與性別都有，如：經濟學、心理學、醫學、物理學博士，中西醫師、電子科技工程師、室內設計師、會計師、建築師、藝術創作家、作家、演藝人員、旅行家、攝影師，大學高中小學教師、校長、政府公務員、軍警人員、企業總經理、上櫃上市公司董事長、家庭主婦、大學高中學生、服務業作者、勞工朋友……等。除了跟我分享他們在讀後的感受與心得外，也表達了這本書裡的內容對他們的協助。有讀者因此轉變了對目前生命裡某個卡住的障礙；有讀者告訴我，他放棄了原先計畫自我了斷的念頭；有讀者因此來尋求我為他進行一對一的量子轉念引導，從中找到轉念的力量；有讀者來向我學習「量子轉念引導技術」與課程，目的除了自我生命實相的探索外，也學到如何協助身邊的人轉念。

這些點點滴滴，都一在示現證明我此生存在於這時空的意義和目的。

同時，在這段時間裡，我無論在生活中或在授課演講上，甚至在現場及網路上在回答提問者的問題時，身體都會有這類現象：眼睛視線像是定格般，會自動定焦在一個隨機的點，意識像是具有接收功能的翻譯器一樣，一方面連結訊息，另一方面以我大腦裡儲存學習過或慣用的語言詞句來解讀訊息內容，這兩者完全是同步發生。

接收到的訊息所呈現的方式，有時會以圖像式的畫面，如靜態的3D照片，時而又像3D動態影片般在腦海播放；有時會直接只是像靈光乍現閃電般的出現一組詞句，比較接近的說法像是「靈感」的型態在我的大腦浮現。

甚至我在為來訪個案進行一對一潛意識量子轉念引導的過程中，也會發生這樣的情況，目的是協助我感知個案若在逃避面對回溯當下所經歷的創傷事件記憶時，能為個案找出另一個引導他重新面對、穿越或覺醒的路徑，壓縮他轉化痛苦印記與轉變核心信念使其覺醒的時間。這不僅讓來訪個案在自己的生命經歷上，對發生在自己生命中的愛、金錢、健康、關係、勇氣（靈魂五大課題），透過量子轉念引導技術重新回顧它們，來自覺自己建立在潛意識裡的扭曲、偏差的印記核心信念，是如何支配著自己，創造出這一連串的被遺棄、被背叛、被傷害、失敗、煩惱、打擊、不幸等等的痛苦，進而比對出正確實相的核心信念，從中發自深層的認識與領悟。這時候，「臣服」才能真正發生在內心的實際體驗，而非在大腦的表層邏輯意識上。簡單說，這也是一種「自我反省」。

如果有人說「回溯過往」是不重要的，那就是等於說「自我反省」是不重要的，這是切斷自己「生命完整的實相」。「完整的生命實相」是包括正反、好壞、善惡、順逆、對錯、苦樂、愛恨、情仇、悲喜、得失等等所有的兩端，走過兩端，你才能夠縱觀到完整的所有面向，這才有資格與立場說「我完全明瞭了」。所謂的「覺醒」、「覺悟」狀態，就是形容「我完全明瞭了」的心境，就僅是如此而已。「覺悟」、「覺醒」這件事，是很務實、實際發生在生活中的，完全是不神祕、不浮誇、不玄妙的。

《與神對話完結篇——全面進化》第二十八頁裡提到：「這無關乎拯救世界，而是關於你個人的心靈之旅，以及你個人的進化。」「你們的個人進化才是重點，以及你們經歷和體驗世界的過程中，所做的每一個改變及改變的目的，才是重點。」第三十頁也說到：「因為處於覺醒狀態並知道一些事，和把你知道的事完全融入生活中，是兩件不同的事。」

對話的形式，是想透由我的提問來表現智慧訊息，用問答的方式來書寫，也象徵每個人都會在心中自我對話，只是選擇跟智慧對話，還是跟扭曲印記帶來的恐懼情緒對話。我只是把我經歷、體驗世界過程中，意識進化後所知道的事，並融入生活裡實踐後的每一個改變，提供出一條可以改變生命與「知道自己是誰？」「什麼是真實？」的路徑給大家。

因為大多數人鮮少願意走這條路，為了比較有安全感，只願意走別人已經走過或者是熟悉且已經聚集一群人在走的路，所以，我所選擇走的這條路，雖然是過去少數的智者走過及指出的，卻因已經被遺忘及荒廢已久雜草叢生，才會更難被人發現。期望我所書寫的書籍、文章、與布達賀對話的紀錄、所講授創辦的「量子轉念引導技術與課程」，以及實際一對一量子轉念引導的個案研究紀錄、製作的各種相關的視頻影片等等，為想探索這條道路的人留下線索。但是，我無法，也不能，替你決定你的結果「該是什麼」和「應該往何處去」。

在《量子轉念的效應》的〈集體潛意識場傳遞給你的訊息〉章節第一一七頁的這段話，已經揭示了真相：

你若要知道及肯定自己是「圓滿」、「完美」、「豐盛」、「愛」、「自由」、「無限」、「一體」、「平靜」、「永恆」、「智慧」的本質，但沒有創造出可以讓自己能「深刻感受」，是無法真正領受到「深刻感受」的。

靈魂要體驗到「完美」，就必須要「創造二元性」的現象，並從此端的一元去看待彼端的一元，透過這「二元性」的相互差異來認識自己、感受自己「彼端就是此端」一體性的「完美」本質，連「創造」的行為過程中，都是在體驗「完美」的手段。

任何人都無法替你代受、承擔、背負、解決你的靈魂「該擁有」、「該具備」、「該知道」、「該獲得」、「該接觸」的體驗權利與資格，無論這個人是誰都沒有資格。一個意識真正覺醒的人，絕不會替一個靈魂「背業力」、「消業障」，因為這行為與心態象徵著自己也是一個受幻象綑綁奴役與囚禁的奴隸，這樣不就跟「覺醒意識」是矛盾及對立的？這是痛苦、煩惱，而非自由自在的靈魂。

科學與靈性達成共識的困難在於語義上，例如：說「神」「佛」這些詞句，很多人就認為是宗教信仰裡所提出解釋的「神」「佛」，所以我用一種不具權威者含意的名詞——「集體潛意識場」（源頭意識）來代表。

「集體潛意識場」只能夠對於你在「憶起知道自己是誰」與「什麼是真實實相」的旅程中提供協助的「訊息」與「辨識覺醒方向的方法」，這是他對每位眾生最恢宏的慈愛與慈悲，也是對我們最大的「保佑」。

陳嘉堡

一、多維時空

我：從上次將我們對話與傳遞的內容寫成《量子轉念的效應》[1]這本書出版後的這兩年來，我的生活除了落實這些智慧外，都聚焦在演講、Facebook社群網站的文章分享、組織《量子轉念的效應》的線上讀書會導讀，並不斷透過以這智慧訊息及方法為基礎的「量子轉念引導技術系列課程」[2]，為想探索自己的意識實相，看清生命中創造價值、靈魂五大課題[3]、心靈的平靜與覺醒所造成的煩惱，講授各種探索與破除意識幻相的知識及方法。但是，最近這幾個月，卻常常有兩種現象，如日夜般交替地在我的生活中出現，這和你有關嗎？

多維智慧意識

布達賀：說來聽聽，這是兩種什麼樣情形的現象？

我：一種是我在晚上睡夢中發生的，就是：有好幾次的夢境都令我感到非常地真實，甚至連醒來時的瞬間，還有點分不清楚，夢境是真實世界、此刻是在夢裡？還是已經一覺醒來、此刻在真實的世界裡？

布達賀：呵呵……蠻有意思的，另一種呢？我想先聽你說說看後，我們再繼續對話。

我：另一種是在日常中發生。我無論在生活中或在授課演講上，甚至在現場及網路上回答提問者的問題時，身體都會有這類反應現象：眼睛視線像是定格般，會自動定焦在一個隨機的點上，意識像是具有 wifi 功能的翻譯器一樣，一方面連結訊息，另一方面以我大腦裡儲存學習過或慣用的語言詞句來解讀訊息內容，這兩者完全是同步發生。接收到的訊息所呈現方式，有時會以圖像式的畫面，如靜態照片；時而又像 3D 動態影片般在腦海中播放；有時會直接且像靈光乍現閃電般地出現一組詞句，比較接近的說法像是「靈感」的型態在我的大腦浮現；甚至我在為來訪個案進行一對一潛意識量子轉念引導的過程中，也會發生這樣的情況。

我心裡知道，這目的是：協助我「感知」個案若在逃避面對回溯當下所經歷的創傷事件記憶時，能為他找出另一個引導他重新面對、穿越或覺醒的路徑，壓縮他轉化痛苦印記與轉變核心信念使其覺醒的時間。

而且，我最近若是沒有在授課或接個案的轉念引導工作時，常感到會有人像我小時候母親常叮嚀我要記得複習及寫功課，或是要按時吃飯、洗澡，像這般地提醒或催促我，該要開始著手下一本書的書寫，只是我自己一直給自己找拖延的藉口。因為這內心的「聲音」實在「太嘮叨」了，我直到現在才下決心開始寫。我內心雖然有答案，但還是想向你確定一下，是否跟你有關？

布達賀：嗯嗯（傾聽的回應）！我聽完你向我問的兩種狀況了，那我現在就回答你的提問。

你的這兩種情況不光只是跟我有關，還跟所有的多維智慧意識有關。我們在上一次對話中[4]已有提到「集體潛意識場」的概念，它就是「多維智慧意識」的另一個別名。因為，人類慣於只用「五感」[5]的感知，來判別自己所接觸的事物是否存在與真實，而忽略了最真實與最根源的「心靈意識」所帶給自己的感知，所以常常對這些真實的現象「無感」。

我：豈止「無感」！就算感覺到了，還恐懼它們的存在，就像活在四面環海孤立海島上的未開化原始民族，對於現代化的大型船隻根本沒有概念，也沒見識過，就算這艘船隻航行在眼前，也「完全看不見」它。

布達賀：我知道你在比喻什麼。的確，在西班牙人一九四五年的航海日誌裡曾有這樣的記載[6]。所以，我們的對話，與你透過你親證轉化成的課程及方法，就是啟發人類心靈意識的「認識結構」，這樣人們才能「看見」過去「看不見的存在」。

我：這點，真的很重要。布達賀，之前我們有談到「心物對話」、「夢境訊息」、「靈魂」等等，都屬於在「集體潛意識場」裡共存，剛剛你有提到「多維智慧意識」這個名詞，能否請你解釋一下它和「集體潛意識場」有何區別嗎？

布達賀：其實源頭與現象是一樣的，不過還是有點區別。因為人類在三維時空裡，識別與理解事物大都受限在「五感」上，需要用「比較」、「範圍」、「輪廓」、「過程」、「區域」的方式才能認識一個事物，所以需要用一些「詞句」作為人類理解事物的「符號」或「圖像」，才會有這兩個名詞來表達其意。

我：這個道理我已經深有同感。我在演講、講授課程、回答提問時，常遇到、接收到非常海量與含金量豐富的訊息，卻一下子在記憶裡找不到匹配的形容詞句來敘述，一度還懷疑自己是否表達能力退化或上了年紀……呵呵（表示自嘲的笑聲）！

布達賀：你現在還在三維時空裡「旅行」，「入境隨俗」不表示改變了或遺忘了你的本源及你是誰，我想你也早就明白這個事實了。接著，我說明一下這兩者各自的現象，方便透過你的理解與內化後表達出來。

我們在上次對話中已經提過了，「集體潛意識場」就像是一座開放性的公共空間，任何不同的意識，包括不同維度的意識在內，彼此都可以自由地交流意識訊息或拒絕交流意識訊息。「多維智慧意識」是指：在「集體潛意識場」裡，只針對特定單一維度的意識進行交流。不過為了方便人類「區別」，這個名詞是指高於人類所處三維意識的維度意識總稱。

在某個維度的角度上，去接觸到高於它一個維度以上的「觀點」時，都會覺得那個「觀點」是超有智慧的，因此才又加上「智慧」兩個字，所以用「多維智慧意識」這組名詞來形容「高靈群體」這個互動的現象。但是以「整體」來說，並沒有誰尊誰卑的區別，那是體驗層次的需要，而非以「階級」來作為維持「秩序」與「平衡」的依據。

我：我明白了，如果我拿 wifi 及藍牙的比喻來說，wifi 是屬於「無線區域網」，支持多個設備同時傳輸的網路模式，這就是「集體潛意識場」的運作模式。藍牙通訊是「點對點」、「多點對多點」的「近距離傳輸」，「多維智慧意識」就是類似像這樣的運作模式，一般目前所暫稱的高我訊息、高靈訊息、天使訊息等等，都是屬於這樣的現象吧？

如果再以我們目前所使用的通訊設備來套用的話，好像是 Line、Wechat 這類的通訊 App 功能一樣，可以公開訊息、設立特定的群組，還可以單獨私密訊息只給某位特定對象，而且可以選擇是否要「追蹤」群組訊息，系統會依照你的「設定」要求來決定是否要「通知」你。

布達賀：對，在過去人類古老的時代及不同的文明，當時所稱的「眾神」、「天人」等等的稱呼，都可以用你比喻說的，屬於藍牙通訊。

我：像你受邀加入通訊 App 的群組裡，有成員單獨私密訊息給你，而你也讀取了內容，並開始

「聊天」了，這就是有人分享說，他跟某位天使、精靈、高靈對話了，是嗎？包括我們現在的對話也是？

布達賀：說對了。所以你除了和我對話外，也可以同時和不同維度的意識對話，只要你展開你的「意識網」，它是跨維度、時空的，不受「區域」阻隔限制。

展開意識網

我：那麼，一個人要如何做到「展開意識網」呢？

布達賀：放開對五感辨識的依賴，自然讓心來帶領自己，信任、觀察它，就能從它的帶領中「洞見」、「領略」非當下五感所接觸的訊息。就像在學騎腳踏車一樣，你必須願意放掉那隻一直抓撐著你不跌倒的手，你才能將意識焦點回歸在自己的全身，身體的「本能」就會帶領你「自動」找到可以幫助自己平衡騎腳踏車的「點」。量子物理不就有證實了這個自然規則？粒子不喜歡被「束縛」，被固定在「固定位置」，或沿「固定軌道」運動，它「同時」存在於「任何地方」，直到你去找它，它才會被你找到，我說的「展開意識網」就是這個含義。

我：謝謝布達賀的解釋。那也就是說，有些人「無法」接到訊息，就像是日常的通訊 App 開啟了「勿擾」功能或關閉了「通知」功能，所以自己完全活在「沒有訊息進來」的情況下，並非「真的沒有訊息」存在，可以這麼說吧？

布達賀：的確是像你說的這樣，所以我們跟其他所有「多維智慧意識」也可以多方語音通話的「群聊」，當然也有人會像多方視訊般的有畫面，這都端看你這個接收體的選擇和習慣而定，並非是固定規則。

先說明這些是因為，我們接下來要談到的內容，會邀請不同的「多維智慧意識」一起參與，這樣可以讓你不會過於「習慣」單一維度的訊息，而「受限」於這個維度的視角，可以讓更多人參與這個宇宙多維意識的大平台。

我：那可真的是太期待了！沒想到布達賀還真「跟得上時代」呢（有些許驚訝的反應），說了「大平台」這樣的詞句。

布達賀：「時代」在高維意識層面是不受影響的，而且，我們在上一本《量子轉念的效應》書中就有提到，所有目前人類所創造的一切知識、得到的智慧，是一邊從「集體潛意識場」得到靈感所「二次創造」而成，並且將這「二次創造」的知識同步回傳備份到「集體潛意識場」中。

對受到現在三維時空框架下的意識來說，在「感覺事物」上，會以一直線發展的方式去理解，所以對於「下一刻」與「這一刻」是兩個毫無關聯的看法，認為「下一刻」是像「隨機」的「突然」發生，而非是「同在這一刻」。比如你站在此地的陸地上，當然看不見超過你身體五感所能感知範圍的事物，例如：另一個城市所發生的事，在你「移動」時，五感感知的範圍也開始移動到「下個位置」，這會有一種「新發生了」的「錯覺」，就有了「下一刻」或「未來」的錯誤認知。

但是，如果「同時」遠在外太空的太空人，以他的視角看地球上的你時，另一個城市跟你所處的位置是「同一時刻」、「同時發生」的畫面，並非一個「隨機發生」在「未來」的事情；在太空人的眼中，你的「此刻」與「下一刻」是一體的，不是切割的。這也就是為什麼，我們接下來會有不同維度的智慧意識參與的原因，希望透過人類理解事物的方式，循序漸進地練習「展開意識網」，逐漸能以多維意識的觀點來看待自己的生命和自我價值。

我：您真是用心良苦啊！真的十分感謝您及所有的多維智慧意識，我也會以一些實際的例子，以及保護個案真實隱私的匿名方式，來協助人們了解所要傳達的內容。那我們要從哪個部分開始談呢？

布達賀：就從「意識與靈魂」開始吧！從這核心開始說起，才能將人類過去在科學研究中一直因為固執拒絕而少掉的那塊拼圖放上去[7]，這樣才能完善這整個「全息意識的實相」。「無意識產生意識」是指「沒有意識」到「有意識」的存在，當你意識到「有意識」時，才發覺有個所謂的「意識」也就是「我」的存在，「『空』中生『妙有』」、「道生一、一生二、二生三、三生萬物」就是形容意識的變化現象，當這個現象成立了，就可以知道肉體是意識的「被創造物」。

我：過去的物理科學告訴我們，是先有了物質宇宙才有我們人類，是宇宙誕生了我們。所以我們會認為，有了肉體與大腦之後，才能產生了意識。但是，宇宙又如何被創造出來？我們一直用「被創造」這樣的邏輯推論，因此感到自己並不屬於自己，真正的真理答案卻被宗教曲解成我們人類的存在是「原罪」，然後需要還債求平息神憤怒的情緒，又或者斷章取義地用「受業報」來作為違背佛陀教導的報應。

這些扭曲真理的論調，只會為人類帶來更多的「分離感」，分離帶來恐懼，恐懼帶來反抗，反抗帶來對立，對立帶來背叛，背叛帶來傷害，傷害帶來苦難。自己與本源的分離、親子間的對立、友誼的背叛、夫妻間的猜忌、健康的威脅、族群間的仇恨，全都是由「分離感」發展出來的信念與情緒。

宗教信奉「真理」，但是「真理」並不屬於宗教的私有財產，科學也在探索「真理」，但是「真理」並不受限在科學有限的驗證法裡面，當你拒絕「相信實相」時，你已經無法找到實相了。所以依照您的說法，過去的人所說的「靈魂」，其實就是您現在所說的「意識」嗎？

布達賀：以人類目前所創造的詞句來說，是的。不過並不是以人類大腦的表層意識思考反應模式來解釋我現在所說的「意識」，而是指以「正見、正思惟、正念、正定」的綜合模式稱之，就是「全息意識」。

人類目前對這類非物質實體現象所創造的詞句，受到拒絕承認「意識」、「靈魂」這些層面的限制，因此我們現在要表述的內容，為了能夠方便讓人們迅速知道與明白在「說什麼」，能使用的詞句只能沿用過去通俗的字句。不過，為了更貼切地表達我們在談論的內容，除了會借用人類目前已知的心靈、心理學詞句及量子物理的專業名詞外，我與其他受邀的「多維智慧意識」也會創造一些詞句，來作為方便說明的工具。

接下來，為了方便從開始直到談完所有在這本書裡要表達的內容，我先說明以下的名詞定義：靈魂以「靈魂意識」來代表，「意識」一詞就是前面我所定義的，其餘我們邊說邊解釋。

死亡的意義

我：期待接下來的內容。請繼續說明對於發生死亡、瀕死的現象，對靈魂意識來說有何意義？

布達賀：剛剛我有提到，肉體是意識的「被創造物」是吧？那我請你思考一下，汽車這個交通工具，是否是人類創造並把它製造出來的？其目的是什麼？

我：是人類創造及製造出來的沒錯，目的當然是為了代步外，還有附加的用途，例如：遮風避雨，加速行進速度來縮短到達目的地的距離，還有對行進中的人有一定程度的保護作用。

布達賀：那麼汽車需要人來駕駛它吧？

我：是啊！需要人類來駕駛它。不過，現在的科技已經進步到可以用遙控，甚至AI人工智慧也能夠配合遙控來控制汽車的所有駕駛動作。

布達賀：呵呵～沒錯沒錯（很滿意的情緒），這就是我要說的比喻。是的！汽車就是人類的「被創造物」。同樣的道理，肉體是靈魂意識的「被創造物」，當靈魂意識像是AI人工智能，透過訊號「駕駛」著它時，就能藉由它在三維時空裡所接觸的事物，得到充分的體驗。當肉體還未結束生命時，這個連線機制還能互動著；若肉體結束了生命，這個連線就中斷了。但是，這位原來的操縱者還在不在？

我：當然還在啊！只是操縱者無法再利用訊號駕駛它，並非操縱者就消失不見了，操縱者依舊在他原有的世界裡自由自在地存在著。

布達賀：你說的一點也沒錯，這就是我要表達靈魂意識與肉體生命彼此間的關係。只不過肉體對靈魂意識來說，就像是一副具有配備「擴增實境」（AR）與「虛擬實境」（VR）的生化工具，十分精密與精緻，用來作為「體驗」靈魂五大課題的介面，是再適合不過了。

若是連線機制因為某種緣故而暫時中斷，這時靈魂意識的焦點會較容易拉回到自己身上，發現自己才是那位主體，而且不受限於肉體，靈魂意識的涵蓋面與自由度也寬廣了許多。這種感覺就像是你坐在客廳戴著VR眼鏡在玩遊戲一樣，在VR的程式設定裡，雖然五感感受到的接觸面是非常逼真的，在現實上，自己真實的活動範圍是受限制在客廳的範圍。

況且，五感本身就是一個超級VR及AR的裝置設備。當你暫時離開遊戲，把設備從頭上取下並暫停連線時，你會發現自己眼前真正可以活動的範圍其實是很大的。等到你再次戴上設備連線回到遊戲裡時，自己心裡是很清楚知道，遊戲無論再逼真，那都是虛擬及暫時的，遊戲終會有結束的時候。

剛剛我說的這個過程，就是人類現在稱之為「瀕死經驗」[8]的過程。當然，如果已經決定結束遊戲，不再繼續使用遊戲裡的那個角色，就是人類所稱的「死亡」。所以，無論是中斷連線暫停遊戲，或完全結束該角色的遊戲，你這位操縱者依舊記得這些遊戲的進度與玩過的內容，而且還有個「進度記憶保險機制」，那就是可以隨時記錄遊戲進度與結局的資料在硬碟裡，作為日後查閱或銜接遊戲的用途。

我：這比喻與說明實在太妙了，很快地理解靈魂意識與肉體生命的關係，以及這兩者間是如何互動的。我從一對一的量子轉念引導個案中也有證實到這個互動模式[9]。

【個案實例節錄】

媺晴（化名）為四十五歲女性，接受重大的甲狀腺手術時是在二十八歲，我引導她回溯到自己被手術的過程。

媺晴：手術的前一天必須先住院。住院當天晚上，我有點像是氣喘發作的狀況，負責我的麻醉師來和我確認狀況時說：妳這樣很危險，這會產生甲狀腺風暴，妳的風險會是一般人的四倍，搞不好一打針，妳可能就會死掉，我要跟妳的主治醫師討論評估看看。

我：後來呢？（我需要娰晴不要中斷，再繼續說下去。）

娰晴：後來還是決定要開刀。本來開刀預計是三個小時完成，結果開了九個多小時才回到病房。開這麼久的時間是事後聽醫生跟父母在描述時才知道的，中間有換批醫師來接班，因為還有原先排班開刀的病患需要按時進行。當時，甲狀腺在脖子裡面爆掉了，必須要刮除等等工作弄了九個小時，在這過程中，我有個類似瀕死的經驗……

我：嗯哼~（專注傾聽的回應聲）

娰晴：打了麻醉藥沒多久，我就只聽到一個聲音說：怎麼那麼快？然後，我就不省人事了。接下來我看到一道很強很強的光，但是若仔細去看那道白光，卻又不感到刺眼，其實是很溫暖……可是說溫暖也不是，說是舒適也不是，應該是說，在光裡有種很安全、很舒服的感覺，如果要用言語來形容的話，大概就是這樣。

我：了解，嗯。（專注傾聽的回應）

娰晴：那種感覺還蠻好的（娰晴面帶愉悅的笑容）。接著我就在光中看到有幾個人走過來，他們看起來就像一些常看到的神像雕刻模樣，其實，我對神像的長相跟稱呼也不太認識。他們就很客氣的跟我說：我們要引渡妳回去……就這樣子。

我：（接著問）回去哪裡？

媁晴：他們就只這樣講。

我：那妳感覺他們說的「引渡回去」是指肉體？還是另外一個地方？（我想讓媁晴能藉由我的提問，再更深入發掘內容，讓自己能獲得更完整的訊息資料。）

媁晴：是另外一個地方（毫無遲疑，非常肯定地回答）。然後我就說：那如果我這邊處理好的話（指人世間），我就跟你走。我才正這樣講的時候，突然就跳出一個人，這個人就指著他們，叫他們退下說：還沒還沒她還沒……此時，我還正很納悶，正要開口問的時候，他們就消失了。在他們消失的瞬間，光就沒了。然後我很著急地往四周圍找「光」都找不到，想著怎麼辦時，突然發現：有耶！有光！我底下有光。當我仔細一看：誒~不對！那是手術台的光！再一看，那是我耶（非常驚訝與激動的語氣）！就在「那是我」的瞬間，我就往下跌。就在我跟身體連結的一瞬間，有感覺到身體的狀況，感覺醫生在對我脖子做手術的壓迫感，然後又不省人事。再醒過來時已經在病房裡，那時已經半夜兩點了。

我：妳剛說的意思是，你回到肉體時，脖子有很明顯感覺到醫生在對妳進行手術的感覺，然後又不省人事了是嗎？

媁晴：對。

我：接著妳再有意識醒過來時，妳已經在病房了，是嗎？

媁晴：對。

我：好的，我們再一次回到手術前還有意識知覺的那個時刻（關於引導媁晴釋放轉化扭曲印記影響的過程在此省略）。當時現場妳說，有看見醫師、麻醉師、護理師，接下來妳聽到了什麼？

媁晴：麻醉師說「我要幫妳上麻醉藥了」，然後就戴上一個有管子的罩子，在戴上的瞬間，我看到開刀房左前方的天花板上有兩個人在看我，我覺得很奇怪。

我：那兩個人在那裡看著妳的目的是什麼？

媁晴：他們是之前在醫院過世的人，一直在這裡活動。

我：那他們為什麼讓妳看到？（媁晴沉默了一下）妳去感覺一下。

媁晴：他們只是好奇，不是刻意讓我看到他們，只是碰巧讓我看到。

我：好的！那繼續接下來呢？

媁晴：最後聽到護理師説：「怎麼那麼快？」（指的是麻醉對我的作用）沒有意識之後，突然感覺自己好像要往某個地方走時，這光就出現了。

我：妳感覺要「往那地方走」時，是像走在平地上？還是往上往下？

媁晴：（緊鎖眉頭）我沒法形容，它沒有上下左右。

我：妳就只是感覺要移動就對了？

媁晴：對對對對！看到光之後，誒～感覺很放鬆、很自在、很愉悅（媁晴似乎找不到適當的詞彙來形容當下的真實感受），當下好像沒有人的那種情緒，但是，説沒有情緒，又有那種愉悅的感覺。本身在那道光裡就直接有這樣的感覺，看見光與在那道光裡，幾乎是同步發生的。接著，就有四個人向我走來，他們就像是圖畫中的天女或天神的裝扮。

我：那麼是屬於東方式的還是西方式的？依妳這樣看著他們，他們的性別是？

娰晴：東方式的，兩男兩女。女的像是天女的那種類型，偏向成人的身形，男的較像童子的類型，偏向小孩的體型。

我：看到他們四位時，妳的感覺是什麼？

娰晴：好像是熟人及熟悉的感覺，好像我自己也曾經有過這樣裝扮的感覺，反正就是很熟悉的感覺就對了。接著他們就對我說：「我們要引渡妳回去。」然後，我就回答說：「如果這邊的事算是做完了，我就跟你們回去啊！」

我：那妳當時怎麼會知道用這樣的語句回答呢？

娰晴：不知道耶！就很直覺理所當然地這樣回答。

我：所以當時的妳其實是很清楚自己要回去哪裡是嗎？

娰晴：是的！而且我知道那不是人間的一個地方，類似天人住的地方。

我：可以形容一下那個地方嗎？

娰晴：可以，那個環境跟人間有些類似，有街道、有房子，但是每一個人的房子都不一樣，而且是一個人住一棟。

我：有樓層嗎？

娰晴：可以，那是隨你的意念變的，你喜歡什麼樣子，它就可以是什麼型態。他們的交談是不需要用嘴巴說，用意念就可以。若想要吃東西，只要用意念，食物就會現前。

我：那房子是以古代的造型，還是現代造型？

娰晴：我很難形容，因為它是隨意念在變化，不是固定於古代或是現代造型，甚至有些房子既不是古代，也不是現代的造型。

我：好的！我明白了，那我們再回到妳在光裡跟他們對話的那個時刻點，妳回答他們說：「如果這邊的事算是做完了，我就跟你們回去啊！」那妳應該知道是哪些該做完的事，所以妳去感覺當下的自己，那些事的性質與內容是什麼？那些需要被妳完成的事是什麼？

娰晴：先完成我親情之間的課題，然後像修行一樣提升自己，要去體驗一種「愛」，那種「愛」像是佛家講的「慈悲」。當圓融完成之後，才能再加其他元素進來讓自己提升，提升之後幫助在今生我曾承諾的那群人，並且帶領他們。感覺上是這樣的順序。

我：所以在昨天我引導妳轉念的內容之前，妳所認知的觀念下所做的行為，是正確的「慈悲」嗎？

媁晴：不是。

我：好！那以妳已經領悟轉念的正確信念來對照此刻瀕死時，妳要完成的課題是不是一致的？

媁晴：是的！我此刻終於體會到佛家說的那句話「無緣大慈，同體大悲」了。

我：所以，妳當時跟這四位說「如果算完成，我就跟你們回去」，內心真正的想法是什麼？

媁晴：（一副不好意思、尷尬的表情）有點想要僥倖、混過去的想法。

我：好！妳說當時妳回答完這句話時，冒出了誰？

媁晴：一位穿著破破爛爛袈裟、有頭髮及鬍子的僧侶，男性，年約四十歲左右。他對著那二女二男說「還沒還沒」，示意他們退下。

我：那妳感覺他跟妳是什麼樣的一種關係？

婌晴：好像是師徒的關係，像是我的老師、師父的感覺。然後他示意他們退下，心裡還正納悶是什麼情況，來不及開口問時，他們就消失了，同時，光也跟著消失了，四周就變得十分黑暗。接著一看，就看到底下有一道光；再一看，就是手術台上的燈光；再一看，就看到我在手術台上。才正在想的時候，整個人就往下跌了……

我：好，那請妳再去理解一下，為何那位僧侶一揮完手，沒有跟妳有任何接觸，妳只是一動念，接下來妳就往下跌？為何沒有再跟妳做更多的交流？妳再去理解一下。

婌晴：就覺得他認為「時間還未到，不用跟我多說什麼」，因為，多說無益，是「時機到了，我就會有機會明白」的那種意思。

我：妳再去理解一下，他跟妳在所有輪迴的過程中，有曾經以人類肉身的方式教導過妳？還是一直都是以這種精神意識層面的方式與妳互動？

婌晴：（停頓了一下，似乎像在閱覽檔案的感覺）有過一世，不過絕大多數都是以精神意識層面的方式和我交流。

我：那麼為何需要往下跌？

婌晴：因為這是回到自己肉身的必經狀況。

我：那麼往下跌進肉身的過程，是否像在快速通過不同次元維度空間的感覺？

婌晴：是的！可以這麼形容。

我：好的！我明白妳說的了。接著要進入肉體時，妳看見了什麼？

婌晴：我看到我自己被動手術的過程，還看到我被手術的部位，皮膚與肌肉被打開的樣子，打開的部位周圍有手術的輔助器具支撐開著。

我：那妳看到自己身體時，對於靈魂狀態的這個妳，妳當時會害怕嗎？

婌晴：不會。可能我之前也有過類似這樣的出體經驗，所以看到自己的肉體，好像覺得很理所當然，不會感到害怕。

靈魂意識

布達賀：「靈魂意識」不受時空、肉體的約制，「視覺」並非是以有無「肉眼」這個器官才能

「顯象」，它是可以透過由「靈魂意識」支配「訊息」、透過「頻率振動」產生不同的「粒子」，做不同的排列組合來產生。就有點像現在人們的一種藝術創作，在遠處看是一幅人像畫，但是靠近它時，才發現這幅人像畫是由許多不同顏色的獨立小物組合排列而成的，這一個個獨立小物就像是一個個粒子一樣。

我：我懂了（像是發現新事物的情緒）！就像現在的高畫質影象技術一樣，現在的照片不斷放大數倍時，被放大的畫面就會看到像馬賽克般的很多色塊疊加拼在一起。現在的高畫質液晶螢幕（LED）也是透過多數個象素來呈現「影象」，表面上看起來好像是個「沒有空隙」的實體影象，但微觀它的時候，卻是由「每個象素」組合而成，跟看似實體無縫隙的單一物質，其實是由許多原子、電子等粒子組合而成，而且這些粒子之間還有「空隙」是相同的原理。真的是太妙了。

所以，「視覺」及「看見影象」也是這樣的情況，是吧？

布達賀：沒錯，你說對了！不僅是視覺，就連嗅覺、聽覺、味覺、觸覺，都是一樣的情況。所以，靈魂意識本身即便沒有肉體，他依舊可以有「五感」的反應。

我：而且，雖然靈魂意識並不需要受制於三維時空中五感接觸物質的反饋，才能夠辨識出「眼見為憑」。但是，為了讓剛離開三維時空的靈魂意識能循序漸進地，適應不同的時空維度，「集體潛意識場」會根據這個剛離開肉體的靈魂意識的「意識狀態」，來回饋給他所見到熟悉的「影象」或「情境」，目的就是不願讓靈魂意識感到太突然與驚恐，這也是一種「愛」與「慈悲」的表現。

布達賀：靈魂意識在離開這個三維世界時，會回歸到這三大之境，分別是：星光體之境、鏡淨之境、神聖之境，這裡「境」的含意，指的是不同維度的意識狀態。至於決定到哪個境地，會依照個體靈魂意識的意識寬廣程度，用人類的概念來說，就是「意識的覺醒程度」來決定去處。

我：那麼這三大之境，它們各自有什麼差異嗎？彼此應該是被區隔的嗎？

布達賀：我們今天就先談到這裡吧！在三維時空的你肉體還是需要休息。而且，讀者們也需要休息消化一下。利用休息時刻，我提供體驗關於我們談論的這個內容的基本方法給人們，作為幫助自己跳脫三維空間意識的練習（請參見附錄A）。

註1：《量子轉念的效應》一書由陳嘉堡著作，商周出版社二〇一六年出版。

註2：「量子轉念引導技術系列課程」：由陳嘉堡創始的一套有系統整合心理學、量子物理、回溯法、心理諮詢技巧、靈性的潛意識轉念技術。它涉及到的範圍，從人類心靈與意識信念如何建構與如何轉念的方法，例如：罪疚、創傷、移情的心靈印記影響，直到意識與各種情感人際關係、意識與健康、意識與物質、意識與多維時空、意識與生命藍圖、意識與靈魂、意識與生死輪迴、意識與夢境、意識與創造法則等等。共分初、中、高三階段課程，並教授對應上述範圍的一對一量子轉念引導技術。

註3：靈魂五大課題為「愛」「金錢」「健康」「關係」「勇氣」，詳細內容可參閱《量子轉念的效應》一書。

註4：「集體潛意識場」與高靈布達賀對話之內容可參閱《量子轉念的效應》一書。

註5：五感意為五種感官功能，分別為視覺、聽覺、嗅覺、味覺、觸覺。

註6：取自桂格・布萊登（Gregg Braden，無量之網一書作者）主題為《全息宇宙》的演講：在一九四五年代，西班牙探險隊來到了南美洲沿岸，歷經好幾個月甚至一年的時間，他們抵達一個海岸，把海船留在海上，乘小船來到船上，他們驚奇的發現，西班牙的航海記錄中從未提到過這個地方，部落的居民也從未見過白種人，當然也沒見過任何西方科技。第一位見到這些航海隊登陸的是部落的神職人員—薩滿，他們雙方設法交流，薩滿問：「你們怎麼來到這裡的？」西班牙人回答說：「我們乘坐這小船來到岸上，我們從遠處那些有船詭及帆的海船過來，那些海船正航行在遠處地平線那裡。」這位薩滿望著西班牙人用手指向的遠處，卻看不到海船，雖然海船就在那裡。由於他以前的「認識結構」（frame of reference）中沒有任何關於海船的信息，海船對他的意識來說是完全陌生的，它的存在對於薩滿的覺知與識別沒有任何意義，所以薩滿看不到它。薩滿想：也許真的有可能這些白人乘坐一種海上工具來，但他卻看不到，

而這個薩滿卻設法解決這個問題，他想「如果我瞇起眼睛，這個方式正好可以看到我眉毛的形狀，這樣我開始看到海面上有「L」形狀的東西了」只用了一小段時間，他教自己如何看到此之前自己從未接觸過的模式的事物，他教自己看到了海船。這一奇蹟發生在岸邊的薩滿身上，在幾英里之外的村子裡住著這個部落的居民，這些居民沒有薩滿「教自己看到大船」的奇怪經歷。但是在短短幾天後，居民受益於薩滿的經驗，因為他們也開始能看到海面上的大船了，通過薩滿的經驗而學到了看見新事物，這現象現在叫作「集體共鳴」（collective reasonant）。

註7：科學在一九八〇年代以前，意識研究是科學上的禁忌，一直拒絕接觸意識的存在，直到今天意識研究已經成為主流學界的重要領域，並於一九九七年成立「意識科學研究學會」（Association for the Scientific Study of Consciousness,ASSC），年會輪流在歐美亞三洲舉行。

註8：「瀕死經驗」（near-death experience、NDE），為雷蒙・穆迪博士（Raymond A. Moody, JR,M.D.）在一九七五年出版《死後的世界》（Life After Life）中（台灣於2012.09商周出版），第一次定義這名詞，意指死後復生的人能清楚知道並看見自己死亡過程與遭遇的種種靈魂意識的經歷，而且復生後改變了對生死與人生的觀點，甚至有重病者奇蹟似的康復。是位享譽世界的學者、講師、研究員及暢銷書作家。維吉尼亞大學文學士、文學碩士及哲學博士。隨後取得西喬治亞學院心理學博士學位。一九七六年獲頒喬治亞醫學院醫學博士。曾擔任喬治亞州醫院鑑識精神病學家。先後任教於北卡羅萊納州東部一所大學、西喬治亞學院、內華達大學拉斯維加斯分校。出版過十二本書，累積銷量超過兩千萬冊，包括：Reflections on Life After Life（1977）、Laugh after laugh: the healing power of humor（1978）、The Light Beyond（with Paul Perry, 1988）、Elvis After Life（1989）、Coming Back: a psychiatrist explores past life journeys（with Paul Perry, 1991）、Reunions: visionary encounters with departed loved ones（with Paul Perry, 1993）、The Last Laugh（1999）、Life After Loss（with Dianne Arcangel, 2001）、Glimpses of Eternity（with Paul Perry, 2010）等書。一九八八年，穆迪博士在丹麥獲頒《世界人道主義獎》。穆迪博士為「瀕死體驗」（Near Death Experience, NDE）的研究先鋒，在雷蒙・穆迪博士的啟蒙下，已經有超過數百位研究生從事這方面的科學研究。

註9：一對一潛意識量子轉念引導進行期間，個案是全程閉眼專注在被引導師引導提問的回溯裡，透過引導字句進入自己潛意識裡，解讀出過去、現在、未來，因為罪疚、創傷、移情等三大類型印記，看待三維的遭遇、二維的印記產生及線性時間，所已經記憶、儲存的訊息形成錯誤、限制性、扭曲等信念內容，透過技巧讓個案在一維威力點下，釋放與轉變信念系統而達到覺醒與喜悅。這方法也可以讓一個人從深層意識層面，跳脫三維時空的約制，以「全息意識」的方式與集體潛意識場的全息訊息連結，綜合多維智慧，使意識得到當下的豐盛力量。

二、集體潛意識場：三大之境

我：我真期待這次議題的內容，因為包括不同宗教、文化以及東西方通靈者，所傳達的死後世界都有所差異，到底我們怎麼去正確地認識，才不會掉入虛無的神話傳說的框架裡？

每個人內心都是一個小世界

布達賀：這就是我們今天這個章節所要探討的部分。首先，我們先要有個基本認知：同一件事物，每個人都有不同的認識。當然，這句話並不是說這件事物沒有一個實相，而是對於解讀與描述實相的能力及深淺會有所不同。這個「不同」，光從字面上來看，當然就會有很多的「誤差」。誤差的原因有二：一、語言、圖案與文字的表述是屬於直線性及平面的二維層面。二、人類的五感範圍有限。「實相」本身一定是「全息」的狀態，也就是所有多維度下的「一體」，當你執著於「眼見為憑」與「需要五感感知到」才認為是真實存在的「框架」上，當然你就只能看見「差異」，卻看不見「相同」。

人類在整個文明上的進化過程，並非一開始就以現在的知識水準去看待事物。人類從遠古直到現今，有將近十分之九的時間，絕大多數的人都是「文盲」、「非常原始」的認知狀態，更別提說對於「意識覺醒」、「生命實相」、「我是誰」的這些極具智慧的內容有何概念，你如何以非常有限的表達方式來傳達這些訊息？當然，這些覺醒者只能以「當時的文化與認知水平」來表達這些「不可思議」的智慧訊息，最簡單的方式就是用「說故事」來隱喻。

即使到現今的人類文明，看似十分發達，但是這個發達僅是在物質文明層面的發達，而非進入意識文明的發達，因此絕大多數的人類在意識層面幾乎還是原地踏步的。人類目前的科技已經發覺物質本身的內容絕大多數是「空」，物質只占宇宙裡的四％。如果還不明白探索研究的核心是那個「空」而不是那些四％，那無論再如何進步，如果還是只在這四％裡打轉，永遠是以管窺天。

我：非常贊同布達賀所說的，人類若不把透過這四％的物質現象做為是朝向全息訊息的研究基礎，那就只是一直在閉門造車，並且對生命及目前所創造出來的世界越加困惑、恐懼與焦慮。所以，我個人不贊同打著「意識創造」的名義，所有的焦點還是只局限於擁有物質、金錢數量的多寡與名利，卻絲毫沒有關於意識覺醒[1]的內容物，這樣的「創造」意識，層面還是只停留在物質的表象。還是這段老生常談的話：「表象只會帶來分離，分離帶來恐懼，恐懼帶來反抗，反抗帶來對立，對立帶來背叛，背叛帶來傷害、傷害帶來苦難。」

布達賀：人類的意識焦點若永遠只停留在「如何生存」的層級上，而不是「生命的意義」上，那還是非常原始的，生命會感到「痛苦」、「苦難」、「人生是苦」的認知，全都來自於意識焦點只關注在「如何生存」的層級上而已。只要能開始發覺到自己並非只能一直停留在這個層級，那就是開始允許喜悅進到自己內心裡的第一步了。

我：所以在上次的對話裡，大多先從「靈魂意識因靈魂五大課題投生在三維世界裡，會發生什麼表象的執著和錯覺，及解決的核心觀念」方面來探討，但還沒進一步深入提到，結束了此次的靈魂之旅後，會面臨什麼樣的現象？這次的對談就是要繼續探討這些內容是嗎？

布達賀：沒錯！在此一生終了時，並非僅是回歸所謂的「天堂」、「光的世界」或所謂的「極樂世界」後，就此結束了靈魂意識的旅程。若是如此，這整個宇宙何必多此一舉，需要有那麼多維度時空的存在？它們會「存在著」，絕非是「贅物」，必有它們的「需要性」及「被需要性」，因為那也是一個「被創造物」。所有的「被創造物」，必然有它的「被需要性」，就像人體裡的所有細胞、器官等等結構，都有它的功能，這「功能」就是一種「被需要性」，差別只在你是否了解它。例如：人體裡的盲腸，它不是身體裡多餘或不重要的器官，只不過人類「尚未發現」它對人體的作用與功能。

這三大之境並非在「上面」或「上層」的概念，雖然人類容易用這樣的「區別」方式來理解。正確來說，它們是跨次元的存在，其功能與目的是在幫助靈魂意識更了解自己的輔助體驗。接下來我們要開始進行簡易的說明了。

星光體之境

一個人在將要或正在結束此生肉體體驗的時刻，包括瀕死經歷在內，靈魂意識會看見此生的出生前計畫，一生的生命藍圖，見到已故親人，連結天使高靈訊息或見到高維意識形態，如神、天使、佛、菩薩等。這些都是星光體投射現象，目的是開啟內在覺知，增加心靈力與內在平靜，減少二元意識帶來的對立衝突感，還有對死後世界的理解，與消除對死亡的恐懼感。它的狀態與人間世界的狀態很類似，有建築物、街景、花草樹木等植物、湖泊、淡粉紫色的天空與白雲，也有不同年齡、性別、膚色的人群，整體而言相當地和諧及生機盎然。

星光體之境是靈魂意識在離開前一個肉體生命時的「過渡區」，讓靈魂意識能夠「暫歇」與「重整前一生的體驗」，做為下個階段的準備，通常「資淺靈魂意識」結束完三維人間的體驗時，都會再回到這個維度世界。

不過其中有另一個區域是屬於較「陰暗面」的，若用人類的觀點來看，就像是「貧民區」的感覺，充滿著晦暗、無生氣、痛苦、絕望、苦難，而且還會像重複畫面般，重複同樣的這些痛苦。一般的資淺靈魂意識是不會被吸引到這個區域的，這個區域並非由哪個主宰者「劃分」出來的隔離區，而是屬於過度執著於在前生經歷中遭受的仇恨、不滿、嫉妒、絕望、貪婪、侵占掠奪他人的所有物、罪疚、逃避等，或者是持續用上述意識情緒加諸在其他靈魂意識身上的行為，例如：隨機殺人者；為了私利，蓄意用編造的事實到處私下公開批判他人；利用人性弱點，詐取他人財物與感情的信任；為了自己貪婪有形的名利或無形的自我傲慢，利用眾人信任、支持與擁護的領袖身分，用思想、語言與行為，去誤導、控制他人者（靈修者、靈修或宗教大師領袖、企業主、團體及種族或國家領導人）；喪失自我判斷與繼續學習的機會，盲目盲從盲信於某個宗教或靈修大師的人等等。

這些痛苦的資淺靈魂意識，因無法面對原先具有純淨本質的自己，與承認自己的錯誤，所「劃地自限」創造出來的區域，把自己和生機盎然和諧的其他「居民」隔離起來，看似是一個屬於自己的安全區域，但是卻到處充滿著痛苦與苦難；相較於人類熟悉的詞句，就很像是一座監獄般的狀態。用「地獄」這個詞來形容這區域是很恰當的，雖然此區域也有它的規則，只不過不是有哪個權威或無罪者在統治管理著這一切，而是由相同意識頻率的靈魂意識共同相互吸引與連結，聚集在這裡，形成一個能量場；只要有類似意識的靈魂意識，就會自動被吸引到這裡聚集，直到當事者有勇氣承認與面對痛苦的意念時，他才會讓自己離開這個區域，回到和諧與生機盎然的區域內，繼續下段靈魂的體驗旅程。

鏡淨之境

這個維度的靈魂意識，大都是體驗靈魂五大課題具有足夠豐富經驗的「資深靈魂意識」，意識的頻率相較於星光體之境的資淺靈魂意識的頻率，振動速度還要快、還要高，所以不需要像星光體之境般具有三維人間的具體景象。在這裡，所有的資深靈魂意識，彼此沒有很具體的性別特徵、膚色之區分，因為意識的寬度已經沒有那麼狹窄和受限，因此不需要那麼執於物質形態的輔助。

他們在這裡彼此交換體驗的智慧，並適時給予三維時空人類提示、指導的訊息，通常會以「靈感」或「心靈感應」的方式呈現。只要有人願意讓自己的意識與其「量子糾纏」，就能接收、下載其訊息，一般我們稱之為「高我」、「高靈」或「指導靈」的意識頻率，大約就是鏡淨之境的資深靈魂意識。

為了讓三維時空人類便於接收及連結，有時會以一位慈祥智慧老者的形象，有時也會以一位充滿愛與慈祥的女性或母親形象，來與之連結或接收者交流。這些資深靈魂意識跟三維時空人類的情感因緣連結不深，因為他們需要逐漸沉澱與消化靈魂五大課題的智慧，所以會逐漸轉淡對人間的許多執著。

話雖說如此，資深靈魂意識偶爾也會到星光體之境，去適時協助指導還在三維時空、以人類身分的資淺靈魂意識們，因「靈魂意識出體」的現象或結束肉體生命要回歸時，擔任「嚮導者」或「指導者」角色，來協助靈魂意識的過渡。這些行為是在讓資深靈魂意識學習體驗「指導者」角色的內涵，藉此做為最後提升到「神聖之境」意識的準備。當「實習」到一定程度，會再選擇到三維時空的人類世界，做為成為「指導者」的最後體驗。

不過這時的資深靈魂意識投生到人間，未必會以「人間導師」之姿來做為體驗的舞台，他們通常都是在人間輪迴的最後一世，不再需要透過三維時空來做為體驗的輔助工具。他們在來三維時空人間的倒數前三世，在每世結束肉體生命時，不會到星光體之境，而是直接連結到鏡淨之境，然後再依照自己的進度需求，決定何時再度轉世三維時空，繼續剩下的體驗之旅。

神聖之境

這裡只有「純意識」的存在，但是並非表示「空空如也」，而是「一切萬有」。就因為是一切萬有，所以「滿足」、「豐盛」、「喜悅」、「自在」、「和諧」、「愛」、「感謝」等等能形容這些感受的形容詞，全部都具備了；所有需要「創造」的一切基本元素[2]，全都充滿著整個不同維度裡；而在這裡，所有的「神聖意識」[3]是「隨心所欲」的，就因為是「無缺」、「隨處可取」，也就不需要「爭奪」、「占有」，自然不會有「擔憂」、「懷疑」、「嫉妒」、

「失落」、「自卑」、「數量多寡」等等情緒與想法所串連出的「煩惱」。

不過這裡並非僅有「正面的訊息」，也有「負面的訊息」，它收藏、記錄所有靈魂意識在進行靈魂之旅與體驗靈魂五大課題裡，所有得到的「正反感受」、「正反領悟」、「正反情緒」、「正反創造」、「正反信念」內容，都會像是圖書館裡存放的各類書籍，或博物館裡存放的各類各時期的歷史文物般，作為靈魂認識自身的源起、發展、進化過程的參考資料。神聖意識們只是像位飽讀詩書、深入研究而完全了解來龍去脈的教授學者，他對於這些「正反面資料」沒有二元的意識觀點，只以「這是自然規律現象的平常心」來看待，這是說這裡是「一切萬有」及神聖意識沒有「煩惱」的原因。

神聖意識們沒有具體集中或存在於哪個「位置」或「定點」，他們包含在所有的維度裡，除非你去發現他，才會知道他們。就像人類與毛毛蟲是共同生活在地球上，但是在毛毛蟲的意識層次與視角上，無法獲知具體人類存在的模樣與生活方式，因為兩者的時空維度不同。像過去的智慧覺醒者，悉達多、約書亞、老子、印度聖哲們、伏羲氏等等，在結束身為人類的身體壽命後，會直接連結到神聖之境，不需要星光體之境及鏡淨之境的過渡，因為他們早就在之前的靈魂旅程中經歷過了。

他們偶爾也會再投身來人間，以人類的身分角度，來協助迷失人間的靈魂意識看清自己目前為何而體驗，但絕不會選擇像神話般的特殊徵兆來投胎，例如：天空中出現異象或特殊的星象。因為那樣的救世主隱喻方式，已經不適合他們決定再投生三維時空的集體靈魂意識階段。

通常若真決定再來，都是在那個時空的集體靈魂意識正要「否極泰來」的階段。就因為是進入「否極泰來」的時空中，還沒走到「泰來」之前，「靈魂暗日」[4]的時間會顯得非常地漫長，所以，為了能留下「憶起自己本質」的線索，讓絕大多數迷失自我與方向的靈魂意識可以重新找回對「本源意識」的信心，他們來投生人間後，會融入成為一般人的生命軌跡，他們的人生會經歷苦難後，然後因為某種機緣而覺醒。

因為這個時空的靈魂意識非常混濁，有不少包裝成身心靈課程卻實質是追求名利的言行、盲從速食般的覺醒方法與宗教神棍。在這樣的「末法時期」下[5]，他們決不會再用過去的方式，作為輔助下一個靈魂進化階段的工作準備，而會留下非純宗教信仰與靈性色彩的知識與方法，當此行完成之時，即是肉體壽命終了之刻，隨後就會回歸到神聖之境。

如何知道自己的意識層次？

我：那目前還在三維時空體驗的靈魂意識，有什麼特徵可以知道自己的意識層次，然後此生結束後會回歸到哪一境？例如：修行者、通靈人、宗教師或靈性老師，此生結束後，就會回到神聖之境；一般在紅塵世俗的人，此生結束就只能回到星光體之境；有虔誠宗教信仰或大師加持的，結束此生後就能回到鏡淨之境……是這樣嗎？

布達賀：不，跟在人間的性別、種族、職業、身分、地位以及從事什麼工作無直接關係，跟靈魂本身的意識層次有關。從他在人間的人格、品格，以及言行是否一致、對自己的內在與外在是否誠信，就可以判斷出來了。

若是一位企業家或素人，他在生活中都是以符合靈魂本質的狀態作為待人與處世之道，那他的意識頻率會直接與鏡淨之境或神聖之境的意識場對應連結，就像現在的藍牙技術一樣直接配對連線；這個人內心會很直覺與篤定地知道，這種知道是一種像是「理所當然」的感覺，自己在快命終結束時，也會很安心地知道。

如果是違反靈魂本質的待人與處世之作為，內心是持續性地處在焦慮與害怕失去名聲、地位、所擁有的財富、人際的認同與肯定度等等的恐懼，就算他是一位傳道者，或是被人們神話般推崇的靈修大師，此生結束後，依他的意識頻率，只能與星光體之境連線，甚至會直接對接到星光體之境的「隔離區」。

請記得，人間所擁有的物質、頭銜、身分、名望，對靈魂本身來說，僅是獲得體驗靈魂五大課題的舞台佈景、戲服與角色配件，當下了舞台回歸原來的自己時，這些東西就僅是道具，沒有實質的價值，因為沒有任何一場戲的角色是永遠不下戲的。因此，執著在那些道具上，做為證明自我價值而緊抓著不放，在觀看戲劇的觀眾眼中，會感到十分可笑與憐憫那個緊抓道具的人。

我：透過您的說明，那就更能讓人們明白了。我分享一位被一對一潛意識量子轉念引導的個案部分內容，更能讓人們感受星光體之境的意識維度狀態。

【個案實例節錄】

正哲（化名）為四十歲男性，當時正在回溯某一前世在古中國結束自己一生的時刻。我引導他回溯經歷時，正哲自動提到肉體死亡時意識離開肉體的經歷。

正哲：被皇帝賜死了之後我就離開了。

我：去了哪裡？

正哲：（皺了一下眉頭）一個很漂亮的地方。

我：什麼地方？

正哲：有好多人。

我：什麼樣的人？

正哲：（不加思索地回答）跟一般人一樣。但是，衣服穿的都不太一樣。

我：可以敘述一下他們的衣服嗎？有什麼不一樣？

正哲：（表情像是真有影象在面前般地、專注仔細瞧的感覺）嗯！有穿著「長掛衣服」，像古代那種長袍馬褂的衣服，也有穿現代衣服的，也有穿那種我不會形容的材質的衣服，很合身、很貼身，看起來像是絲綢，卻又不是。

我：（我同時在腦海也浮現類似的畫面及訊息，因此我很自然地這麼問）比較像科技電影的那種嗎？就是很合身、但不是很緊繃的那種。

正哲：對對對。

我：你去理解一下，那是什麼地方？為什麼有這些影象與不同的穿著？（我知道潛意識的記憶不會是臨時捏造的，它是非常忠誠地記錄而已）

正哲：那個地方看起來很平和，我有個房子在那裡，我住在那裡。

我：好的，你盡量去理解，用我們現在的形容詞，會怎麼稱呼那個地方？

正哲：很平和、很寧靜……（個案像是詞窮一樣，一下子找不出可以適合形容的詞句）

我：（為了讓正哲能持續進行回溯，不中斷他經歷潛意識裡的記憶，我決定立即協助他）它是在地球上的人間嗎？

正哲：不是。

我：那不是的話，如果用人類的角度，會怎麼稱呼它或形容它？

正哲：天堂。

我：只能用「天堂」這個詞來形容它是嗎？還有沒有其他比較接近的說法？

正哲：天外天。（正哲似乎已經找不到其他適合或自己已知的形容詞了）

我：（不再讓正哲為難，因為每個人此生的教育知識水平都不同）沒關係，反正不是地球這個空間是吧？（正哲點頭說「對」）你去感覺一下，那些形態，包括你自己，是屬於實體嗎？

正哲：不是。

我：他們都不是屬於物質實體，對吧？（正哲回答「對」）那麼會有那樣的形態，是什麼原因？

正哲：想要交流。（我接著問「誰要交流？」）彼此之間互相交流。

我：噢！（證實我意料中自然的回應聲）彼此之間用什麼方式來交流？

正哲：不說話，我們都不說話的。（我接著問「為什麼不說話？」）就是我面對你、你面對我的時候，我就可以知道你要幹嘛，你也知道我要幹嘛！

我：了解了！就是不需要用「語言」跟「嘴巴」這種「需要聲音頻率的方式」來交流是嗎？（正哲在我的話還在說的進行中，頻頻說「對，對，對」）如果以我們人類現在的概念來說，那是透過什麼方式來交流？

正哲：有點像是現在科技新知裡說「腦波傳遞」的那種方式。（我再詢問：「像是意識交流、心電感應的方式？」）對，意識交流。

我：你看到那些人各自有不同時空年代的服飾穿著，有代表著什麼特殊的意義嗎？

正哲：就像我一樣，我自己穿的是中國清末的那種學生的衣服。

我：（我想讓個案再深入感受到「意識」比「物質」更「真實」的事實，所以我改變問句的方式，讓正哲更清楚我提問的目標）我現在反問你，你在那個狀態裡，自己以及那些……我們姑且用「靈魂」兩個字來代表，你及那些靈魂身上的服裝，要呈現給另外一個靈魂看到的服裝樣式，它有規則嗎？（正哲立即回答：「沒有。」）有款式穿著的規則或規定嗎？（正哲非常肯定的說：「沒有。」）

正哲：我覺得是……（正哲似乎很努力地想把他「看見」的畫面及接收到的「意識訊息」說明讓我能理解的態度）看你想呈現出什麼東西或模樣給另外一個人看。

我：噢~我明白，就像我們現在的現實生活中，看你自己想呈現什麼風格 style 或個性給周遭的人看，你就會打扮或裝扮給他人看，是嗎？

正哲：對。完全看個人的喜好，像我自己就很喜歡古代長袍馬褂的服飾及穿著靴子的感覺。

我：你喜歡那樣的風格就穿那樣的感覺，也沒有到底符不符合現在的時空背景才能穿什麼時代服飾的規則，（正哲：「對。」）就像現在我們在路上也許突然看見一個古裝打扮穿著的人，也不會大驚小怪，也許是在拍戲，也許僅是這個人正參加什麼 cosplay 角色扮演的活動，他只是想呈現自己的意識形態，沒有硬性制式的規則。（正哲：「對。」）那你住的房子呢？它們也不是我們所用的建材結構去建造的是嗎？

正哲：對。但是正確來說，你「想要什麼形狀，就有什麼形狀」。

我：所以在那裡，有需要「住」這個動作嗎？

正哲：（非常迅速及理所當然的語氣）不用！只不過就像我剛剛前面說的，我去「外面」晃了一下，然後「回來休息一下」。

我：有個像是「區域」一樣，你自己想要的「區域」（這裡指的是意識所凝聚的「場域」），所以也沒有所謂的「居住」與「不居住」的問題。

正哲：對。因為我們不用「睡覺」啊！

我：那有性別之分嗎？

正哲：沒有。

我：如果想要有性別，也是自己的意識想呈現的一種狀況是嗎？（正哲：「對。」）那有沒有所謂的年齡大小或身分高低之分？（正哲：「沒有。」）你回到那邊之後，你跟「那些人」

交流著什麼？

正哲：沒有什麼刻意交流，就像跟鄰居見到面、道早問好或像跟朋友打招呼這樣，很平和地互動及簡單的交流，沒有太多深入的交流。

我：我現在請你自己去理解一下，你在這個所謂「天堂」的空間待了多久後，再來人間投生當人類？

正哲：不知道，因為那裡沒有「時間」。（正哲此時是完全置身在那個時空當下，會以那個當下的實際感受來回應我的提問。畢竟，我們還在三維時空，為了交流，我的問句結構必然是以三維世界的交流敘述方式呈現，因此，我必須再更明確讓正哲清楚我的語意。）

我：好，我這麼問好了，是基於什麼原因與理由，讓你來投胎了？

正哲：我想要……（詞不達意的反應）我突然間看見許多內容的影象……喔！我當時在人間閒逛中目睹那場兄弟鬩牆相殘的過程時，看見旁邊有個婢女，她那令我感到熟悉的笑容。我回到「天堂」後，一直思索這個笑容怎麼那麼熟悉……（我不想讓正哲僵持在這個點上不繼續延展記憶訊息，緊接著問：「然後呢？」）我決定去尋找答案……

我：尋找什麼答案？

正哲：為什麼這個笑容這麼熟悉？然後，我就來了（指來投生人間）。

註1：作者在此指的「意識覺醒」是指關注並了解清楚生命整體實相。物質與名利僅是其中之一的部分，並非占據生命的全部，就像「手」，是肉身整體中的一個部位，而非全部，不能只關注手的保護或保樣，卻忽視身體其他的部位和器官。

註2：布達賀說的基本元素，就是我們所說的「基本粒子」，量子物理已經揭示「所有的萬事萬物的組成基礎為基本粒子」。

註3：神聖意識，是指高維的全息意識觀點，為了能以人類慣性理解的方式，布達賀採取用這樣的形容詞表達。

註4：所有的宗教信仰、身心靈課程、占星、通靈、修行的目的，都已經幾乎偏離自我覺醒的根源，以貪婪與生存之意圖謀求暴利與名聲、人格墮落、急功近利、炫耀自我、盲目崇拜偶像、追求更多虛幻的「成功人生」，追求投機取巧及迷信符咒物質方式來處理自己的生命，絕大多數的人不信任宗教，失去對道德與靈性意識本源的信心，人與人、人與萬物、人與自然這些關係幾盡失衡，只著眼在物質文明的發展，靈性、道德、人格、文教、政治、體育娛樂、媒體傳播淪喪，精神層面盤據著痛苦、恐懼、自卑、憤怒、嫉妒，心理與精神疾病驟增過生理疾病，這樣的亂象在生活中隨處可見，幾乎快成為常態了。

註5：末法（梵語：saddharma-vipralopa），佛教術語，正法絕滅之意，指佛法衰頹之時代，在此布達賀指的

是「靈魂暗日」的時期。

三、通靈，靈不靈？

我：布達賀，延續前面對話的內容，我想藉由我們的對話中提一個多數人都會有困惑的問題。既然一個人本身的靈魂意識能任意自由地接收各維度的靈魂意識訊息，又或者他本身就是靈媒、靈訊傳遞者、乩童，能通靈、能與亡靈對話，接收到類似天使、耶穌、佛、神、高靈、高我等等的訊息，就表示這個人已經比一般人的靈魂意識來的覺醒嗎？你願意來為我們解答嗎？

訊息的重點在「有沒有智慧」

布達賀：我很樂意的。請注意這句話：「通靈能力與通靈者本身，是否已經具備高維度靈性層次，或是否已經具有覺醒意識，兩者之間是毫無相對等關連的。」在我們上一本書《量子轉念的效應》裡，已經有將一個最重要的實相核心訊息揭露出來了：靈魂意識是一種能量振動形式，以量子物理的說法稱之為「弦」，能量與能量間的波動有相互「交流」、「共振」、「相容」與「撞擊」四種特性。集體潛意識場就是三大之境的總稱，它本身就是一個所有意識聚集的能量場，就是意識總源頭，它提供了無遠弗屆的可能性，所有的集體靈魂意識與個體靈魂意識，自然地能與不同層次維度的靈魂意識進行交流、共振、相容與撞擊。

集體潛意識場本身，並不會去干涉與介入裡面各種不同層次的靈魂意識彼此間體進行的交流活動，受限的只有該個體靈魂意識本身的意識層次維度與頻率的窄寬度，決定所對應與解讀接收到的意識訊息內容。別忘了，三大扭曲印記所創造出來的核心信念，就是會讓一個靈魂意識對宇宙生命實相造成自我設限與受困在低維度意識層次的主要原因。

即使某個人他能通靈或對接到高維度靈魂意識的訊息，也會因為自己過往所積累而未轉化、轉念的三大扭曲印記信念影響，無法將正確的訊息解讀出來，甚至是做了錯誤與偏差的解讀，形成沒有什麼靈性或意識醒覺的內容。就像一位同時會中文與英文雙語能力的翻譯者，在面對只會英文的A與只會中文的B，自己本身的理解能力、生命淬煉的如何？加上翻譯者對A對象若沒有做好足夠的功課和了解，甚至對B也是一知半解時，在聽A所說的語義或讀A所寫的文章，就會造成理解上的錯誤，那麼當他翻譯或轉譯A所想表達的內容給B時，也一定會是偏離原意及錯誤百出，曲解了A的原意而誤導了B。

總之，具有高維度層次意識或意識覺醒的人，一定會有通靈的能力[1]；但是有通靈能力的人，不見得已經具有高維度層次或已經覺醒的意識狀態。

我：所以，有這樣能力的人等於也可以預知未來，因為每一個高於另一個維度的意識角度，都能對低於自己本身意識維度的過去、現在、未來「同時」一覽無遺。例如：一個具有高維度意識覺知的人，他可以知道另一個人及自己本身的過去、現在、未來，是因為他的意識維度角度高於另一個受限於肉體五感的意識角度的人，同時也高於自己本身肉體所處的五感維度。

布達賀：沒錯！這是「自然現象」而非「超自然現象」，人類把這樣超乎自己認知的現象定義成「超自然現象」是因為，自己只執著在五感的感知才叫做真實，才叫做自然界。其實，宇宙的自然界本就一直有這些現象存在，是人類自己不知道，這並不是「新發生」，對人類而言，可以說是「新發現」。

我：是啊！就像太陽系的行星運行是「地動」，人類數千年來都一直認為是「天動，地不動」，當人類的意識開始跳脫受限的視角，才發覺了真相，並非人類發現它的時候，它才開始「地動」。所以，人類對一個「事實」的認定，是決定於自己意識對焦處的推論來相信它，並非是以「知道真相」來看待它。這不是你「相不相信它」的問題，而是你「知不知道它」的問題。

布達賀：簡言之，知道並相信宇宙實相的人，在不知道之前，他只活在自己「想相信」的意識層次裡，而非活在「實相世界」的意識層次裡。原因還是來自於「害怕自己所堅信的是錯誤的」這種恐懼心，深怕「被遺棄、被否定、我不夠好、我沒價值、我是糟糕的」這些心念，上本書我們經說過「恐懼」的原因了。

無法改變別人的自由意志

我：那我此時想到一個延伸的問題。既然有預知未來的能力，那麼不就可以去改變它來防範未然嗎？

布達賀：意識覺醒的智慧者，雖然有這樣的能力，但無法強迫改變別人自由意志的行為下造成的結果，也不見得會想干預與改變所預知到會發生的不幸或傷害。為什麼？大智慧者一定會有神通力，前面我們已經解釋過了這「神通力」一詞的真正含義，為了讓大家能夠再直白地了解，我以更貼近現實生活的譬喻來作為說明。

有位已經長期多次往返一個充滿童話般建築的古老小鎮的旅人，甚至也多次駐足住在這個小鎮上生活，對於這鎮上的人文風情、生活習慣、氣候季節變化，十分地熟悉與了解。這個小鎮是十分適合人居住的地方，四季氣候宜人，環境、水質、空氣都十分清新與乾淨，鎮民們都和諧、愉快地生活，彼此也沒有所謂的對立、仇恨、惡意傷害、貪婪與占有的心念，對異鄉人毫無排斥與防備心，除了熱情的招呼異鄉人外，也很歡迎他們常住與移居至此一起生活。

有天這位旅人在異地旅行，在一家小茶館裡與茶客閒聊時，提到了這個充滿令人感到放鬆、寧靜、舒適、愛、人情味、浪漫的小鎮生活。許多茶客一輩子從未體驗與看過這樣的地方，心裡都感到十分嚮往，紛紛地向這位旅人表示，希望能請旅人當他們的嚮導，帶領他們一窺這樣的小鎮風光，甚至願意替這位旅人支付旅程中所需支付的所有費用。

旅人本身就是一位熱愛分享旅行中所見所聞的人，於是告知了這些茶客：即便這世上有著這麼美麗的小鎮，但是在到達小鎮的路途中，還是可能遭遇到許多挑戰與危險，如果要跟隨他前往，必須遵守他的要求與警示，確保自身和同行者的安全；若無法遵守而影響自身及同行者的安危，旅人會毫不留情與不遲疑地請他折返，拒絕他再繼續隨隊同行。茶客們紛紛表示贊同，並信誓旦旦地向旅人表示，絕對聽從與遵守旅人的所有要求。

在旅程途中，無論是地形或氣候的變化，或者是即將要遭遇的事件，例如會有特殊的植物，它是有毒的還是無害的，哪些在當地生活的動物是溫馴可親近、還是兇猛要保持距離等等，旅人都能事先預告同行的茶客們，使他們能預先得到正確的資訊，確保自己既能盡興又能安全地欣賞沿路的風光。從未見識過這些遭遇的同行茶客們，對於旅人料事如神的能力，感到十分驚嘆，並逐漸認為，旅人似乎有著神通廣大的神通力。

那試問，旅人真的有「神通力」嗎？

我：當然不是啊！那只是因為旅人本身多次經歷所得的智慧經驗結果。

布達賀：那麼，旅人在這些多次經歷的過程中，是一帆風順、輕易獲得到這些經驗的嗎？

我：開玩笑，這怎麼可能！這些過程勢必經歷過多次九死一生的驚險，怎麼可能是容易的？

布達賀：那麼茶客們為何會用「具有神通力」來看待旅人？

我：因為，第一點，茶客們長期受限在以他們自己看到、聽到所生活過的環境經驗，推論整個世界就應該是一樣的情況，不會有例外與其他可能性。第二點，茶客們沒有親眼看到旅人在還沒得到這智慧經驗結果前，是如何九死一生、命懸一線的驚險經歷。綜合這二點，導致有錯誤的推論，認為旅人具有異於常人的神通力。

布達賀：說的一點也沒錯，所以「神通力」只是在一個沒弄清楚整個前因後果、錯誤理解推論下的人的認知，這認知並不是真實的結論。接著，我再發問：那如果在旅途中，有茶客個人的習慣與旅人的習慣不同，例如飲食內容、睡眠時間長短、走路的步伐大小或速度等等，但沒有影響與干擾到旅人，旅人會刻意想改變該茶客跟自己一樣的標準嗎？

我：這樣不就太累人了？每個人的身材高矮胖瘦都不同，身體需要的也不同，這麼有經驗及了解真相的旅人，怎麼可能會去干涉與改變茶客個人的習慣？

布達賀：說對了。這就是我前面所說的答案，「意識覺醒的智慧者，雖然具有『神通』能力，但無法強迫改變別人自由意志的行為下所造成的結果，也不見得會想干預與改變所預知到會發生的不幸或傷害」，這也是過去悉達多說的「神通不敵業力」的真正意思。那個「業力」是指當事人自己所堅信不移的觀點、信念，除非當事人自願去改變，否則就算再如何有大智慧的人在他身邊，也依然無法改變他人生的一絲一毫。

我：你講的這個譬喻，旅人就是茶客眼中具有神通力的大智慧者。事實上是茶客們自己被自己活在井底之蛙的眼界所限，用以井觀天的視野來看這些事，當然看不明白旅人為何能料事如神的原因。是茶客們誤解了旅人，把他累積的經驗智慧，看成是高於自己的神通力。所以你想告訴我們，是因為這些都是旅人自己親身實踐，不知歷經了多少危險，所真實獲得的經驗智慧，這不是能用金錢的定價可以向他購得的。他願意只收取別人付給他足夠供給自己生活的金錢數量，分享給願意向他學習這些不必身陷生命危險才能獲得的寶貴經驗，雖然要對旅人心存感恩與尊敬，但不是對旅人盲目地崇拜。

因為，「崇拜」的這個心態背後，就是堅信「自己是無能的」，堅信自己無論如何地學習，也不可能具備對方所表現的智慧及能力，只有「依賴對方」才能生存下來或才有價值，這種信念決不可能讓自己的生命和內心得到真正的平安。

依賴別人的保護，只會得到如海市蜃樓的虛幻安全感，一點也不真實，那只是一時而已，那「一時」還是五感感知範圍內的一種自我欺騙的錯覺。內心深處，人其實很清楚真相是什麼：真相是別人「絕不可能保護一個人生生世世」，當對方一旦因各種因素撒手離開，自己只有死路一條，如同居住在一棟危樓裡，隨時擔心崩塌的那刻到來，所以深層的情緒本質依舊還是動盪不安的。

布達賀：你說到重點了。真正夠格的旅人，是不會要這些茶客去崇拜自己、依賴自己；更不能跟茶客們說：你們都不必親自啟程去旅行，我來幫你們走這段路，你們就可以到達這個世外桃源的古老小鎮，享受這古老小鎮所有的人文風光，並長住在這裡。

可是也會有茶客起了邪心貪念，以為只要偷走旅人的地圖與筆記，佯稱是自己的智慧經歷，就可以擁有像旅人的神通力，得到許多人的崇拜、追隨，讓人們奉獻的金錢滿足自己名利與權力的追求。

我：怎麼可能？這個偷走旅人地圖與筆記的人，把旅人的東西佯稱是自己的經歷，不就像是詐騙集團的行為嗎？

布達賀：沒錯！而且旅人會從隨身行李中拿出地圖與筆記出來，隨時用來提醒隨行的茶客，沿路需要欣賞的景物以及要特別防備的事物，隨行者都因此得到相當豐盛的感悟與見識。其中有極少數的茶客，沿路屢屢看見旅人受到其他茶客的尊崇，心裡十分羨慕旅人被崇拜的風采，於是想著：如果我拿到地圖與那本筆記，我就可以讓其他茶客崇拜我與跟著我，我自己就可以靠它走到古老小鎮了。接下來跟著旅人與其他茶客行走到一半，趁旅人不注意時，從旅人身上偷走了地圖與筆記，並成功慫恿了部分的茶客跟隨自己，然後離開了旅人的隊伍……

我：誒！那麼這個偷了地圖與筆記的茶客，能夠這樣到達目的地嗎？那旅人呢？他不會憤怒嗎？不會覺得因為被背叛而難過嗎？不會感到倒楣嗎？

布達賀：哈……你以為我說完了，所以才這麼問吧？我正要講結局呢！旅人啊！他一點也不生氣，也不覺得倒楣。這有形的地圖與筆記，旅人根本就不需要，這只是他用來幫助茶客們了解旅途情況與加深印象的輔助品，真正的地圖路線與所有旅途中美妙的、危險的一切事物，早已經透過旅人真實的經歷，深深烙印在他的腦海中。那位茶客搶走的是有形的物品，無形的智慧是搶不走的，因為他畢竟「沒有親身經歷過」，所以沒有「真實的感受所得到的信心」，沒有真正的信心，哪來蛻變成「智慧」？何況，對於一個沒有經過真實經歷並安全往返的人而言，那地圖與筆記就像在看「達文西密碼」一樣，是有看沒有懂的。而且所告訴別人的路線，要不是會迷路，就是會遭遇危險與傷害。簡言之，就是誤導眾生。若是如此，你若是那位旅人，會感到憤怒、挫折或被背叛的難過嗎？

我：有自責與失去感才會有這些負面情緒，那位偷地圖與筆記的茶客反而是自找苦吃。若是如此，自然不會感到憤怒、挫折與被背叛的難過情緒啊！不過，很多人會這麼想：旅人為何會吸引到這樣的人？難道不是旅人自己本身的心念也有問題？如果旅人的經驗已經那麼豐富了，難道不能事先預防或觀察出那位茶客心懷不軌嗎？很多人用「吸引力法則」來解釋旅人的心靈狀態有負面效應。

布達賀：你這個問題提得很好，我們就來好好討論這個問題。你前面有說到一個核心重點，那就是「自責」。我們在上次對談中有說過「自責」、「失去感」會形成「罪疚印記」，有「罪疚印記」的人才會有憤怒、挫折與被背叛的負面情緒，既然旅人沒有罪疚印記形成的意識，自然不會發射出這樣的頻率，那就不能說這件事是旅人吸引來的了。那為什麼在旅人身上還會發生這樣的事？要從這幾個層面綜合來看：

一、世事的真相是「無常」，人的意識與心念也是，都隨時在變化，未必平常就能發現無明、貪嗔癡這些念頭的作用，也是因為某種突然發生的因素交互作用而升起。

二、前面已有說過，意識覺醒的智慧者，雖然有這樣的預知能力，但無法強迫改變別人自由意志的行為下造成的結果，也不見得會想干預與改變所預知到的不幸或傷害。

三、當一個已經被三大扭曲印記化做貪嗔痴的心念，讓自己成為一個小人時，他理應就會做出損人利己的言語和行為，不可能例外，你又何需訝異地說：「他為什麼會這樣？」

四、因為眾多的靈魂意識們都還在體驗五大課題中，這類貪嗔痴的事本來就會存在及發生，而且還是時常發生，任何一個人，包括具有覺醒意識的人也會遇上。重點在這類事降臨在自己身上時，自己是用哪種維度層次意識來看它？不是把焦點放在如何預防讓它不發生，就像人生的生離死別遭遇一樣，你無法預防它的發生。

我：我懂你表達的意思。總而言之，大部分的人把吸引力法則用二維度的線性因果來解釋它，所以只有二元性的是非對錯。而你說的吸引力法則是用多維度的因果來解釋，它是「因果並存」的，就如同量子物理提到的「量子疊加狀態」[2]，次原子粒子能同時存在於多個地方，而且不只遵循一條路徑。

也就是說，電子是同時存在任何地方，並和自己的意識有著連結的對應關係，不能只用線性時間觀點來看待旅人與那位茶客本身，及發生偷地圖、筆記事件的因果，是要以旅人的意識狀態與想法來看待的。對於「防範未然」若是有著錯誤與狹隘的誤解，就會產生以

「生物性自我保護為立場」的意識，而不是對「道」、「實相」保護的意識。

布達賀：你闡述的很好。相同的，通靈者本身的意識寬度及智慧若是不夠，接收到的訊息頻率通常都是很低維度的。那些被接收到的意識頻率層次，前生的生命形態大多是動物、昆蟲等，它們的意識還受限在自己曾經身為二維或三維時空的那個生命形態，會以那個五感範圍為基礎來看待事物，所給出的訊息是非常唯物性的，沒有智慧的含量；但是為了取信人類，會偽裝成各種神佛的名號「假傳聖旨」，因為通靈者本身沒有足夠智慧去判別，以為自己真的是這些神佛的代言人，然後吸引一群同樣意識受限自己五感並內心恐懼的人，所解讀出來的訊息也會因此而沒有什麼靈性智慧價值的內容可用。在你用「量子轉念引導技術」引導過的眾多類似有通靈經驗或有所謂陰陽眼[3]的個案當中，不就證實了這個現象？

靈性傲慢

我：的確是如此，無論是我自己所接到過的，或者是雨曇接到過的這類現象的個案，都證實了你剛剛所說的。我記得有一次在中國大陸進行課程活動時，接到一位年約四十五歲的女性個案，她原先是因為感情問題而來找我做一對一潛意識的量子轉念引導。在追蹤轉念威力點的回溯過往時，有提到她自己有所謂的「陰陽眼」，而且從小就時常看到所謂的「鬼魂」，但自己也不怎麼怕它們。直到她因為被前男友欺騙金錢、背叛感情的痛苦下，經由朋友引薦，皈依了一位當地頗負盛名的佛教法師後，才開始害怕這些她常看到的「鬼魂」。

布達賀：哦！這件事怎麼這麼有趣啊？說來聽聽，為什麼她原本不怕的，皈依佛教法師後卻反而害怕了？

我：是啊！我也是從這引導後的結果，更能堅信證明你所說的：不要因為一個會通靈的人其身分是所謂的出家修道的修行人，就表示他已經開悟、知道了所有事物的實相。有很多這樣身分的人，其實自己也是很無明、沒什麼智慧的，然後自以為是地胡亂解釋與吹噓一番，甚至還傲慢地誤導別人，我給這樣的人一個形容詞叫做「靈性傲慢」。

布達賀：嘿嘿……這個詞有意思，等會兒再聽聽你說明「靈性傲慢」是什麼？先繼續說下去這位女士的情況及你引導的結果。

我：嗯！那我繼續說。她去皈依那位法師時，當然說出了自己的感情遭遇以及自己有陰陽眼的現象，結果那位法師就告訴她，感情會遭到背叛與金錢上的損失，跟她看見這些無形的鬼魂有關。因為它們全都是她過往前世的冤親債主……

布達賀：哇嗚～（驚訝的語氣）那會有多少數量啊！這位女士可不就嚇個半死？

我：可不是嗎？她就相信那位「得道高僧」的話，以為自己是個無惡不作的大惡人，才會傷害那麼多人，讓他們死後不得安息，所以才會糾纏著她，然後讓她的金錢與愛情都遭到重大的傷害與打擊。

布達賀：那麼這位「佛教大師」可有幫助她解決的方法？

我：當然有。就是早晚都要誦唸佛經迴向給這些無形的鬼魂，做為自己痛改前非、誠心贖罪的行為，如此一來就能改變厄運。

布達賀：哈哈哈……（比較像是聽到一件十分滑稽的事，然後不由自主地大笑），這太有趣了，怎麼過了那麼多世紀了，這套說法依舊還管用！抱歉，打斷了你的話，請繼續說。

我：我完全懂你的情緒反應（微笑），這像是看見小孩做著令人感到天真無知的幼稚行為一樣感到好笑，而不是取笑的反應。我接著說，然後，她真的就每天照做了。可是，問題反而有增無減。接下來連續一年的日子，她的生活作息完全亂套與不正常，這些法師口中的「冤親債主」不減反增。原本只是早晚誦經時才會出現，現在是不定時的出現，例如上班工作、睡覺等等，完全無法預期地出現，當然都不是同一個鬼魂，每個鬼魂都要求她立即為它們誦經迴向。

問題是，誦一部經不是三五分鐘就能結束的，工作沒法好好做，連睡眠品質都被打亂了。她再詢問師父，得到的答案就是：不要懷疑及放棄，堅持誦經就對了。法師是當地德高望重受眾多信徒支持信仰的「高僧」，無法反駁與懷疑，更不敢找心理諮詢來協助，怕被信眾冠上信仰不堅定及背叛師門佛門的帽子，加上她沒有其他的出路可以求助，這讓她的精神狀況幾乎都快崩潰了。

布達賀：所以，她就找上了你，是嗎？

「轉念」不是只是「換個想法」

我：對！某種機緣下，她知道了我及所用的技術，感覺可以幫助到她。然後我在引導她回溯小時候第一次看見鬼魂的那個時間點上，在潛意識狀態下和鬼魂用意識交流對話，詢問對方是否是自己前世過往的「冤親債主」？她得到的回應是：「不是。」只是碰巧與她的意識頻率對焦到而已。我就接著再問她：「回顧剛剛你告訴我，被它們要求誦經迴向給它們的事件，它們全部或有哪一位是妳前世的冤親債主的？」結果，沒有一個是。

她剛開始還很不可置信地說：「可是……師父說是的啊？」這時，我請她拋開這個先入為主的觀念，信任自己的感覺、信任自己的心（這句話真像《星際大戰》電影裡，絕地大師尤達在教路克如何運用原力的語句），它會指引出真正的答案。「當我這麼引導妳時，再確認一下答案是什麼？」她再次回答我：那些沒有一個是自己的冤親債主。

布達賀：你讓她「看見真相」了，那你又如何幫助她轉念呢？我覺得這點是最難的，因為大部分的靈修、禪修或心靈療癒的方法裡，認為做到了你剛剛協助她看見真相，就認為已經是看見實相了、領悟到了、覺醒了、轉念了。依你的「量子轉念引導技術」來說，也是只做到這裡嗎？

我：當然不止。我認為這個階段只是做到「因果平衡」，並沒有做到「因果化解」。真正的化解是要讓一個人從中理出真正的因時、因地且適合的信念觀點，毫無困惑、踏實地知道如何應用在生活的實際作法，這才是真正地「轉念」，不是換湯不換藥的「換個想法」。

我讓她體悟並理解到，自己在誦經迴向的心念裡，是為了像是商家招攬客戶要業績為目的，好比在馬路上發廣告宣傳單，希望顧客隨時上門消費，而不是清楚明白經文裡表達的智慧，當然「有需要的顧客」就會直接找上門來要求服務，哪管妳的時間有沒有空？

所以，不是「誦經迴向」這個做法有什麼錯誤，是自己做這件事的心態與心念本身就是偏差的。因此，就算要誦經迴向，也必須端正正確的心態，那就是：「迴向」是種沒有交易供需或買賣的意圖，就純粹僅是一種「祝福」的心意而已。這樣就沒有心理負擔，更不會讓自己感召這麼多有需求的鬼魂來干擾自己，甚至也不需要拘泥於「誦經迴向」的形式才可以祝福它們，「祝福」的心是隨時都可以做的，自由自在沒有刻意的形式。

布達賀：很好很好，你做到了我所說的「轉念」這個真正的精神與內涵，然後還可以整理建立出一套有系統的引導技術和知識系統。那麼她後來呢？

我：後來在那幾天，她幾乎每天都告訴我，自從被轉念引導後，每天都睡得很熟很香，而且連續好幾天都沒有再被打擾了。我覺得這件事啟發了我一個重要的觀念，那就是：對一件事「一知半解」比「無知」更來得愚昧可怕。我接下來要再分享一位一對一量子轉念引導的個案內容，再次證明你所說的那個論點訊息：「通靈能力與通靈者本身是否已經具備高維度靈性層次或是否已經具有覺醒意識，這兩者之間是毫無相對等關連的。」

馨雅（化名）是位年約三十歲的女性，有通靈體質，但是她不因此異於常人，而感到自己有高人一等「帶天命」的使命，反而感到害怕，害怕自己被人群排擠與孤立。在回溯過程中，她經歷了兩個前世記憶，一個是天界時期掌管天上的「雷」的小學徒，一個是馬雅文明被消滅的時期。在此謹先闡述關於她對自己有通靈現象的恐懼，如何看見通靈的實相與轉念的引導過程等的內容；關於這兩個前世內容，我在後面關於〈前世記憶對一個人的意識影響〉章節中會再分享。

【個案實例節錄】

馨雅：我過去把它（指通靈現象）理解成直覺或第六感。

我：所以從我們今天的引導，包括這個點當中，妳發現過去自己錯誤的認知是哪些？

馨雅：錯誤的認知就是：我把它們（指通靈現象）想的很可怕。可能是因為我看過很多通靈的人，他們通的都是動物的靈，可能都是比較低 Level 的，就是牛鬼蛇神的，我很看不起（排斥的語氣與神情），就是……你知道嗎？包括我舅舅，就是神神叨叨的，然後，整個人都迷惑了，狀態都不好了。

神神叨叨的，我特別不喜歡。天天就覺得自己這樣就能穿牆了，我能看見什麼了，可以給別人看（指看見別人前世的因果業力）。但是，我一坐到他面前……你知道嗎？他號稱自己是觀音菩薩，說：「我是觀音菩薩來給人家看事。」然後我坐在他面前，這位觀音菩薩竟然說，因為他感覺我好像看穿他……你知道嗎！他竟然討好我，一個觀音菩薩然後主動跟我說：（馨雅模仿著他示好討好的聲調）「妳修得很好啊！妳特別好啊！我覺得妳太好了……」就是那種乞求的眼神，在我看來就是那種「請妳不要戳穿我」的眼神與口吻。

我：所以通靈不代表他通到的靈頻率高，對不對？（馨雅覺得我說到她心中正確答案的回應：「對～！」）所以是高頻與低頻的問題，不是通靈這個行為正不正確的問題。

馨雅：對～是！可能我在過去見過太多這種很 Low 的通靈者，還有那些幫人家收驚的那種，還有打打殺殺的，就是那種（馨雅模仿當時通靈者的語調）「你身上有魔，我去幫你鬥一下……」然後再砍殺或對決，接著就把它幹掉了，你的問題就解決了。問題確實解決了，但是這種現象我覺得很 Low，很害怕我自己所謂的「能力」是這種形式的，我很害怕（馨雅自嘲尷尬的笑）接到的是這種（指低頻率）。

我：所以，我引導妳到目前為止，妳覺得自己的能力是屬於這種的嗎？

馨雅：（像是慶幸自己「不是」的笑聲說）我是比較高（指高頻）的那種，哈哈哈……嚇死我了，我還以為是那種低頻率的，我很害怕自己接個什麼仙的，就變成神神叨叨的人。而且它們上身很可怕的，老師你見過嗎？（我答腔說：「我明白！」）很難受（很不情願的語氣）。

我家鄉有很多那種XX神XX仙上身的時候要抽菸，一個原本不抽菸的女孩子，在上身的時候突然愛上抽菸，就是那種一包二十支，不停地一直抽。抽的時候還要經歷一種很痛苦的身體狀態，一上身就整個像是換了一個人，完全沒有她自己，靈魂被霸占了；接著就會開始說著那些自己都不會的方言與口音。我以為通靈狀態就是這種狀態，所以我很害怕。我一直在關閉自己的能力，千萬不要變成那樣，我不要成為這樣的人。

我：所以，你現在發現自己不是屬於這樣的人了？雖然會通（靈），但不是屬於這樣的人？也藉由這個機會，請問現在圍繞在妳身邊的那群指導靈們，為什麼那些通低頻的，包括他們需要透過抽菸、身體的痛苦等等這些方式來連結訊息？以他們的角度會有什麼看法？

馨雅：他們（指導靈們）覺得那是它們（低頻意識）與他們（低頻通靈者）的因緣，那些外靈比較Low，頻率振動也比較Low，那些接收者自己的靈魂也是那麼Low，所以他們彼此是有因緣及匹配（配對）的。

我：等於他們必須用那種低頻的方式才能建立連結（個案再強調附和說「他們（接收者）也只能走向低頻的」），所以看起來他們就會有一些行為怪異的部分，是嗎？

馨雅：對。就是他們（接收者）能量太低了，有點像（馨雅正盡力形容）……因為能量太低，那個「連結之路」（指通道或管道的意思）比較崎嶇，有點感覺像一部車行駛在坎坷不平的道路上，車子整個都很顛頗……

我：（想更確認馨雅的意思，試著反饋答說）就像我書裡面寫的形容概念（指《量子轉念的效應》），他們很像以前的NOKIA 3310手機（個案笑著加入答話：「還要實體按鍵撥號」），我們現在用到智慧型手機已經以4G甚至5G來發送的訊號，它（指NOKIA 3310手機）只能用自己目前的機能來接收，所收到的訊息只能呈現文字，連圖片都看不到（馨雅贊同的說「對，對」）。但不代表這個訊息就只是這麼Low，上天還有很多很高頻的訊息，是他們的手機收不到（指規格太低，這裡暗指接收者的意識頻率層次太低）。

馨雅：他（指指導靈們）現在有給我看（畫面），我現在搞清楚這件事情了。每個人都有可能跟一定程度的物質之外的靈魂連結，每個人都有，只是有的人沒有這樣的緣分，所以他是純物質型態（指唯物主義），他的靈魂就沒有這樣的緣分，或者是說，他這一生也不體驗這個，所以這個通道（指連結意識頻率及相互交流的本能）是完全關閉的。雖然有些人是開的，但開的層次完全不同，就好像有人坐飛機有人開汽車，或者……（極力想讓傾聽者明白自己想表達的語氣）有點像……這麼比喻好了，有的人都沒有腿，有的人不開車，然後這些可以連通訊息的人都是開車的人，但是資歷與買的車不一樣，有的人可能是TOY-

OTA，有的人是 Porsche，有的人是 Benz，就類似這樣的差別。

所以像這種高靈的（指能接收高頻率的人），就是 Benz 級別，就是頂級奢華派的（以覺得有趣的笑聲說），所以你連接的也好、也容易，然後開起來也方便（意指接收到的意識頻率較高，也較容易順暢，且隨時都能隨心連結）。然後那些人也能連上（指 Low 頻率的通靈者），但是質量不好、性能也差，開起來也很費勁。所以越低頻身體反應越大，越高頻身體越沒有反應，就像沒發生一樣。最高端的是，也不需要閉眼睛，也不需要想，他（意指高頻率意識，如高靈、天使訊息、神等等）隨時都存在，你（指高端的意識頻率接收者）就是活在那裡面，然後最低階的就是，你要經歷一個很痛苦的過程（指身體反應）才能連得上。

我：所以妳得到一個新的、正確的信念和觀點是什麼？

馨雅：就是，這個（指通靈現象）一點也不可怕，而且我很 Luck 的是最高階的那個（型態）。

我：所以帶著這樣的觀點，我們去對照到今生來說，落實在今生生活中，妳會怎麼做？

馨雅：好像感覺是：不需要做什麼，只要不再刻意關閉它、恐懼它、排斥它就好了。

我：好的！那有關「天賦」這件事，對照到妳自己剛剛回溯的天界小仙女與馬雅時期祭司與國王的那兩世，因天賦而造成自己創傷與罪疚的結果，妳還會覺得自己天生具有「天賦」這件事是一種孤獨嗎？

馨雅：要更快的正視它，越快越好。正視它、接受它、活出它。你越快、越徹底地，百分百毫無遲疑的接受自己的天賦也好、才能也好，不恐懼、不害怕別人的眼光，不害怕被孤立，勇敢地成為人上人，勇敢地成為最優秀、最有天賦、天才型的人。越快接受它的話，在這過渡期間造成的內在與外在衝突和不習慣的階段，就會壓縮減短，就會越快進入到順的軌道，「順的軌道」的意思就是你原本的世界。

我：了解了，所以在這過程妳看一下自己，包括這些指導靈們，妳感覺自己是孤單一人的，還是擁有更多的夥伴？

馨雅：不孤單，哈哈……（開心地大笑說）終於找到團隊了，哈哈……

註1：布達賀指的「通靈能力」是人類意識能接收到不同維度意識頻率的現象，而非一般狹隘認知的神祕通靈現象。

註2：「量子疊加狀態」：是指一個物質（如：電子）以多重「概率」的狀態同時存在。基本上是一個亞原子層級的物質同時存在於多處（也稱為「波」），直到它被觀察或是測量（一旦被觀察或測量時就會崩解成同一個狀態）。這個實驗已經多次被用來解釋「意識」所扮演的角色以及其對實體物質世界的影響。所以你的意識所經歷過的「一切過去、現在、來來」，都是「同時存在」的。

註3：陰陽眼：在維基百科中所註釋的說明，陰陽眼是一種通靈的特異功能，看到超自然現象不可思議存在的能力，為靈異體質（靈感）的一種，傳統上有幾種人特別能見到，像是八字輕的人、運勢低的人，或是曾經歷生死關頭的人。有不少人相信陰陽眼的存在。在許多宗教中，都有能夠用肉眼看見靈體的人物。這些人通常都是先知或有神性的人物。代表能看見鬼魂等。而佛教中的「天眼通」，也能視為陰陽眼的一種。在民間信仰中，陰陽眼可以是先天的，也可以是因好奇而後天施法「開」的，抑或透過修行方式自我開通。就特殊狀態來說，也有可能被外靈附體而產生陰陽眼的能力。

四、共時性的前世今生

布達賀：接下來我們要談到一個很多人類都感到困惑與禁忌的議題——「前世今生」。

重新認識「時間、空間、物質、能量」

我：太好了！這個話題一直以來都被歸於宗教玄學、迷信、虛構的範疇，在工業革命之後所崛起取代人類認識世界的科學裡，一直都被視為是禁忌與迷信。就像「意識」，在過去的科學裡也是認為不真實與不存在的，不過現在許多世界知名並具權威的量子物理學家，都開始承認了「意識」是真實的存在，例如羅伯·蘭薩博士（Robert Lanza, MD[1]）超越《時間簡史》、《萬物簡史》，二十一世紀人類無法迴避的、革命性的《生命宇宙論》（Bio-centrism），為人類的意識謎團提出一個全新的解答，並提出許多令人震撼的新觀點，完整解釋宇宙的基本原理。他與另外一位頂尖天文學家鮑伯·博曼合作撰寫一本書名為《宇宙從我心中生起：羅伯·蘭薩的生命宇宙論》[2]，揭開意識之謎，還原生命起點宇宙的誕生，絕非始於隨機的碰撞與爆炸等等，是生命與意識形塑了宇宙！

因此，我覺得如果要把「意識」這個現象真正弄懂，就必須突破對構成我們目前已知的宇宙之四大元素「時間、空間、物質、能量」的認識。像「靈魂」就會跟「意識」、「能量」有關，「前世今生」就會再把「時間」、「空間」、「物質」綜合起來探討。

布達賀：所以接下來我將要提到的現象，對大多數的人類來說，會覺得相當匪夷所思、不可思議，甚至會排斥與駁斥。不過，對於一個已經進化提升到鏡淨之境或神聖之境維度的靈魂意識個體來說，他是很容易理解並相信的，因為這些現象對他而言，是既熟悉又真實的世界。

我：呵呵……我相信有人看到這裡或聽到你所說的內容，一定會說：這根本是胡亂說一通，根本是「偽科學」。不過，我覺得這種情緒反應是人類的常態。人類的靈魂意識若是處在低維層次時，通常在面臨超過自己經驗與知識法則以外的事物，採取的行為若不是排斥就是攻擊，完全符合心靈「戰逃機制」[3]的規則。

人類自己忘記了一個真實的事實——「無常」才是宇宙真實的樣貌。「科學」本身僅是一項「不斷檢驗的學問」，而不是「已經完善或已經完成的學問」。簡單來說，就是「不完整」。你怎可以用一個「不完整」的理論與方法，去決定所檢測的結果稱作為「真實」、「事實」的唯一量尺？牛頓的物理方程式，曾經是解釋這個世界的主要依據，一百多年後被愛因斯坦的相對論、普朗克的量子力學，給推翻了光電、時空、粒子等大多數的解釋，再度改變了我們對世界的認識。如果用這種狹隘的心胸與觀點來說，那些被推翻的科學論述，是否也算是一種「偽科學」？因為已經被證明是「錯的了」。

但是，目前關於意識、靈魂、多維時空，甚至全息宇宙、心電感應、共時性等，都逐漸被量子物理的檢驗證實外，且截至目前為止還無法被推翻，照以「事實」的邏輯來論述的話，那到底誰才是「偽科學」？誰才是「真科學」？連現在的科學都說：我們現在是活在一個自以為是真實的三維世界，它其實都只是一種投影與幻覺。既然是個虛擬的世界，在如此架構下的世界裡，所構想出來檢驗這虛擬世界的方法，還能算是「真的」嗎？

我們執著在這「真」「偽」的字眼上，是件非常浪費生命的事。坦白說，過於固執堅信未完善的科學，跟過於執著於狹隘的宗教經典內容是一樣的心態，都是「迷信的行為」，我們充其量只是盡量以人類的意識層次所能理解的方式去解釋這些內容罷了，連「完全已知」的程度都還談不上。

布達賀：大多數人類在看待事物的慣性，就像拿著放大鏡檢視地圖上的某個小區域，仔細觀察在放大鏡範圍裡的現象，做為評斷事物結果的依據，卻忘記了它只是整張地圖上的冰山一角，忽略了整張地圖所呈現的一體性。

「有限的量尺是無法測量出無限存在的原貌到底是什麼？」如同「瞎子摸象」般[4]，所評論出來的都是局部，絕非全部。以這種觀點來看待自己是誰？自己為何存在於此的意義？自己為何存在，為何有個「我」？此生的自己有來處嗎？若有，那麼有歸處嗎？「活著」或「生命」對於我而言的目的及意義又是什麼?既然世間所有煩惱皆由「我」而起,那麼釐清「我」的這件事,就顯得非常重要了,這是認識「關於我」和「由我所延伸出來的世界」的一切核心。

憶起真正的自己是誰?就必須回憶起自創種種各時空的角色、經歷它們的目的,究竟是為了什麼?在靈魂之旅的變化中,是很容易遺忘了自己的實相本質,這情形有點像是:一個演員同時軋了太多不同類型、時代戲劇的演出角色,為了扮演好每個角色,卻因完全投入而入戲太深,一時混淆不清原本真正的自己究竟是誰,所以需要耐心一步一步地釐清相關資訊,幫助自己逐漸地回憶起來。

就像一個人收到信用卡繳費帳單的通知,看到超乎自己記憶中的應繳總額時,自己一下子也不明白與確定為何是這個金額。因為生活中有太多需要你去支付的項目,例如:水電費、保險費、交通或停車費、基本餐費、購物娛樂等等,會使你無法一下子記得每筆項目的用途和金額。你會經由從帳單核對每一筆的消費明細,確認每筆消費的品項、金額與消費日期,這「核對」動作的目的在於:幫助自己全盤了解自己的消費行為,作為未來改善消費和運用金錢的參考。

同理,回溯前世記憶的行為,就是類似這種像「核對」帳單消費明細的倒推法,幫助自己從中了解,在每個時空段的角色裡,自己是以什麼信念觀點在處理該世靈魂五大課題

（愛、金錢、健康、關係、勇氣）的生命體驗，自己是如何受限在那狹窄的生存意識裡，如何創造出那世的遭遇，並且將這些痛苦、執迷不悟、迷失自我的意識，深植在被稱為「潛意識」的靈魂深處裡，然後依此重複了多少次的循環，依舊還沒察覺這是偏離「終極實相」[5]的模式。當一個靈魂意識自己有意識弄清楚了什麼內容，才能自覺到自己弄錯了什麼內容，這時才會如恍然大悟地「覺醒」，平安、喜悅、自由才會真正進入到內心，重組自己的核心信念成為「新意識」。

我：「意識」的存在，無論你是醒著、思考著、睡著的狀態，全都真實存在著。表層意識是「睡著」與「清醒」兩者兼具，只差別在有形的肉體生命是處在休息狀態還是死亡狀態，你只是無法從他身上的行為反應看見意識的回饋，不代表他的意識消失了。

無論是執著唯物的「舊模式意識」還是覺醒後的「新意識」，都遵循著這個法則規律存在著。所以前世記憶的真相，就只是意識本質的「內容」，只不過「內容裡」是以迷失的意識還是覺醒的意識為主罷了。「意識」的真實性不會被「時空」因素所影響，而且會以「共時性」現象同頻同步地進行創造，只是在我們這個三維時空下的自己「未曾以擴張意識層面」的方式去洞察它，才會有僅在當下、眼前新發生事物「不是真實存在」的錯覺。我可以藉由接下來一對一量子轉念引導的個案實錄，來作為證實的例子嗎？然後再回到我們的談話。

布達賀：當然可以，請。

【個案實例節錄】

夏蘋（化名）為三十多歲已婚、有孩子之職業女性，以下節錄十小時一對一潛意識量子轉念引導內容中，關於她畏高、懼高的部分。因為近代人大都生活在都市叢林中，工作、居住幾乎都在大樓裡，個案原先被引導尋找組成核心信念的威力點，而需回溯經歷記憶的過程中，意外發現到，生活中自己只要在大樓陽台的空間往下望時，就會感到有一股力量或聲音要她往下跳。明知道這是不正確的，但那種說不出的感覺太強烈了，甚至還一度懷疑自己是否有精神上的問題，如幻聽等等。在這段引導中，她發現了原因，不僅安心了，還轉變了對畏高、懼高的情緒與信念。

為了方便表達關於畏高、懼高的關聯性，這一段前世記憶中，僅就這部分來表達引導對話內容。

我：好的，我再請妳去理解一下，那個女的是誰？

夏蘋：感覺像是我。

我：好，沒關係，我們去經歷、面對它就好了。感覺一下當時的妳：結完婚那五年，對自己的婚姻生活感到如何？

夏蘋：空洞！沒有陪伴。

我：怎麼說呢……發生了什麼事讓妳感到沒有陪伴？先生在當時是做什麼的（指職業、工作性質）？

夏蘋：遠洋！

我：遠洋？是指哪種工作需要遠洋？是漁夫嗎？還是其他什麼性質的？

夏蘋：商人，好像是去做生意，需要遠渡重洋去經商。

我：喔！是要到其他城鎮去做生意買賣就對了。

夏蘋：對！感覺他時常不在身邊，但是物質生活條件好像不差，因為我看見自己身上穿的衣服款式與質料不差，是很好的。

我：後來一直到什麼時候，妳才知道自己懷孕了？

夏蘋：大約五個月大左右，因為開始有胎動了。

我：妳發現妳懷孕的時候，當時怎麼了？

夏蘋：他常常不在，他那方面又不行了（指性生活），我有常常跟這位男生在一起，我懷的孩子應該是這位男士的，如果被知道（指丈夫），我應該會很慘吧？我就很緊張、很羞愧，然後就去一座橋那裡，接著，我就跳下去了。

我：了解了。在那之前，妳是怎麼被先生打的？

夏蘋：發現肚子大了。會打我是因為他感到很意外啊！自己明明不常在家，然後也沒有辦法行房，怎麼會有孩子？

我：在他打妳之前，妳是在他回來前發現懷孕，還是他回來之後發現懷孕？

夏蘋：回來之前發現的。

我：當時的妳對於所發生的事，想法與情緒是什麼？

夏蘋：糟糕了！這怎麼交代？

我：然後呢？

夏蘋：然後……他就回來了，就發現了。我感到很羞愧，也不知道怎麼辦，只好去跳了（指從橋上跳河自盡的行為）。

我：好，我現在要請妳再次經歷，他當時發現妳懷孕時，因為憤怒而打妳的那個時刻，妳所承受的、看見的、聽見的與自己情緒的內容。他是怎麼打妳的？把妳看見的情景說出來。

夏蘋：他怎麼打我的……就是這樣打（非常順暢自然地重演著前世記憶中丈夫的行為，就像是想讓我清楚知道，她當時所遭受到的對待是什麼樣的情節內容），就是這樣子打……

我：他是連續一直打嗎？

夏蘋：對！他就是這樣一直打。

我：他當時打妳的時候，他的眼神與表情充滿著什麼情緒？

夏蘋：凶惡，覺得戴綠帽。

我：他在打妳的過程有沒有說任何話？

夏蘋：妳這水性楊花的女人。（為了幫助夏蘋能從久遠的情緒重溫憶起，我讓她複述這句話數次。）

我：（接著我就順理成章的繼續引導）當妳被打時，聽到這句話的感受是什麼？

夏蘋：我很想去死，很想去死……

我：理由是？

夏蘋：很羞愧，怎麼交代？不知道怎麼活下去？不知（日子）怎麼過下去？然後就走到一座像拱橋的地方，就跳下去。

我：然後就跳下去死掉了？

夏蘋：對！

我：死的原因算是摔死？還是淹死？

夏蘋：我覺得是淹死的，因為有呼吸困難的感覺。

我：我們再去經歷那次淹死的過程喔！當時跳到水裡時，妳的口、鼻感覺到什麼？

夏蘋：掉到水裡……然後嗆到……可是老師，它（指這個死亡經歷的感受）跟昨天的部分（指前一日被我一對一轉念引導的某段回溯的記憶）很像之前的那一世，嗆、沒有空氣、不能呼吸。（同樣地，為了幫助夏蘋能從久遠的情緒重溫憶起，我讓她複述這句話數次，這時候夏蘋邊複述，便開始有如身處當場溺水、被水嗆進口鼻咳嗽的反應。）還有喉嚨像被噎著的感覺，肚子很緊縮，覺得冷，顫抖。

我：當時死亡時，身體的這些體覺反應對照到今生的身體，讓妳覺得跟什麼反應有關聯？

夏蘋：冷。曾經在二〇一三年的時候，有呼吸窘迫，那個感覺就像喘不過氣來。在過度的喘氣中，感覺像是快要死亡了，可是那種呼吸是一種換氣過度，身體的反應是：身體在控制我，而不是我在控制身體。再加上當時我所服務的那個客人給我的情緒，讓我感到很壓迫（夏蘋意指，跟這件令她印象深刻的事有類似的身體反應）。

我：妳今生怕水嗎？

夏蘋：不敢太接近。

我：妳今生怕高嗎？

夏蘋：非常怕。

我：好的！我們必須要再經歷這一前世的這段經歷，再回到拱橋的時間點。當時妳站在橋上往下看，那個距離有多高？用樓層來算大約有多高？

夏蘋：好可怕的感覺……大約有十樓。而且，老師，我們當時（指今生）去看新房子，新房子是在十樓。然後，我很畏懼去接近陽台。還有，接近陽台時會有一種想跳下去的感覺。

我：就是既然怕陽台，卻又想從陽台跳下去的感覺，自己也覺得莫名其妙是嗎？

夏蘋：所以會感到害怕。這種矛盾的感覺很難解釋，理應怕高應該要退卻，卻又有那種吸引力，這就是我說，讓我感比較可怕的地方。

我：那現在妳知道這件怕高卻又有吸引力，困惑矛盾的真正原因了嗎？（夏蘋點頭回答：嗯～）好，我們再回顧一次，再請妳回到橋上往下看的那個點，當時的妳有怕高嗎？

夏蘋：沒有。（我接著問：因為妳那時一心想著什麼？）想死。

我：好，那時候，「高」、「想死」、「想死的目的」這幾個關鍵詞，給妳自己當時組成了什麼聯想？變成了什麼樣的串連？

夏蘋：（夏蘋開始重新檢視自己的印記與信念）想死的原因是因為羞愧。留著（繼續活在世上）要面對很多事情……跳下去就一了百了。

我：好的，那「高」、「跳下去就一了百了」這幾個關鍵詞，形成了什麼樣的一種邏輯關係？

夏蘋：「高」、「去死就一了百了」，就不用面對了。

我：喔（回應夏蘋找到正解的鼓勵語調），這個再對照到今生妳看到「高」應該是害怕，卻又有股想跳下去的吸引力，又連結了「不用面對」、「一了百了」的信念，讓妳可以得到什麼結果？

夏蘋：自由、安全、輕鬆。

我：那麼這組信念的本質上是正確的？還是錯誤的？

夏蘋：錯的。潛意識當時認為「跳下去就可以一了百了，輕鬆安全」。

我：好，那當時的「高度」讓真實的肉體後來怎麼了？

夏蘋：死亡了。

我：「高」跟「死亡」在當時又形成了妳什麼樣的觀念？

夏蘋：害怕。因為死亡。「高」一方面因為死亡而有恐懼的情緒，一方面又好像可以「一了百了，輕鬆，不用面對」的情緒，所以這就造成了矛盾的原因。

我：好的，當妳發現了，這錯誤的聯想路徑所造成的信念與情緒感受的反應後，若重新讓妳再回到十樓新房子的陽台上時，妳會有什麼樣的想法和情緒？

夏蘋：我會想要眺望對面的風景（表情微笑）。

我：那還會想跳下去嗎？

夏蘋：那多可惜啊（輕鬆的語氣）！

我：那妳還會對「高」感到害怕嗎？

夏蘋：不用啊！沒有要跳下去哪會有威脅！

我：所以這才是真正的實相是嗎？

夏蘋：是。

「意識」可以改變與創造物質世界

我：「前世記憶」與「靈魂」是許多人都深感禁忌且不敢碰觸的部分，現代的量子物理證明，構成物質世界的粒子是由能量形式存在，而且「意識」可以改變與創造物質世界。你可以相信這些由粒子組成了你肉眼看不見的光、空氣、電等等能量形態，卻不相信意識所組成的靈魂？你肯相信電波、能量可以儲存與承載訊息及透過振動傳送訊息，卻不肯相信你的靈魂意識（弦─粒子）的振動可以儲存每趟轉世經歷的記憶與傳送記憶？

這位夏蘋的情況即是如此。她療癒心靈的創傷，經由不可思議的前世記憶回溯、前世的經歷，對於那個時空的自己，「認定」肉體的自己是個真實存在的實體，而不是暫存、無常的，因此對於當時的所見所聞，依據潛意識、自動導航意識與五感的關聯[6]，會被植入相關的印記。這些印記會隨著當時的情緒與思路，自主串聯成一組核心信念，然後在潛意識裡必須珍貴地保存好，因為它們是關於會威脅、消滅她肉體生存的重要資料。當未來的生命經歷當中，若接觸到類似這些印記內容的情境，就會啟動重播當時的情緒、感受、想法的內容來提醒自己，此刻必須採取行動來保護自己，不要再重蹈覆轍。可惜的是，結果往往是「重蹈覆轍」，這就是我前面說的，「『意識』的真實性不會被『時空』因素影響，而且會以『共時性』現象同頻同步的進行創造」這段話的意思。

布達賀：這個案例很有說服力。靈魂離體時會有個像織毯般的絲線，這絲線是靈魂意識的振動現象，它模樣像細弦一樣地快速振動，去連結更大的網狀矩陣[7]，這網狀矩陣是由不同維度的靈魂意識振動，自主交織錯縱所組成。這網狀矩陣就是集體潛意識場，包括三大之境在內，它就是所有維度意識的總稱，目前的量子物理稱為「量子統一場」，是所有靈魂的思想、行為、情緒、感受、經驗的意識印記，也被稱為阿卡西紀錄或生命之書。

其餘的規則我在三大之境的章節裡提到過了。這些靈魂在認識自我的旅程中，也會因當時情感強度的情緒，將當時五感所接觸的事物、語言的語意、想法，深深烙印在潛意識裡；這些印記與核心信念所建構出來的意識狀態，也決定了連結哪一維度的「去處」。若是要提升意識寬度與覺醒，就必須在編寫下次投生的維度時空時，將這些印記與核心信念的資訊，坎入下一趟的生命藍圖裡，讓自己能在再次經歷同樣的人事物中轉念和覺醒。

我：以您剛說的那段內容，以目前大多數的人類來說，涉及到多維與時空的領域，是超乎常人理解與想像的。我們能再多談談這部分嗎？

布達賀：我明白你說的，即便在過去的人類時空中，也很難以語言及文字來描述這些現象。我們在下次的對話中，再針對這個主題談談。

我：期待下次對話。

註 1：羅伯・蘭薩博士（Robert Lanza, MD）：二〇一四時代雜誌百大影響力人物，探索科學疆界超過四十年，被視為全球頂尖科學家。曾師事心理學家史金納、免疫學家喬納斯・沙克（Jonas Salk）與心臟移植的先驅克里斯蒂安・巴納德（Christiaan Barnard）等科學巨擘。這幾位導師對他的評價是『天才』、『叛逆的思想家』，甚至將他跟愛因斯坦相提並論。目前除了在先進細胞科技公司（Advanced Cell Technology）擔任首席科學主任，也是維克弗斯特大學醫學院（Wake Forest University School of Medicine）的兼任教授。他發表過數百篇論文與發明，出版過二十本科學著作，他的研究曾登上全球媒體，包括各大電視網、CNN、《新聞週刊》、《人物》雜誌，以及《紐約時報》、《華爾街日報》、《華盛頓郵報》、《洛杉磯時報》與《今日美國》等。

註 2：《宇宙從我心中生起：羅伯・蘭薩的生命宇宙論，Biocentrism: How Life and Consciousness are the Keys to Understanding the True Nature of the Universe》，原文網址：http://www.robertlanzabiocentrism.com

註3：戰逃機制：生物為了保護自己能順利生存的本能反應，若不是以對抗、消滅、攻擊的戰鬥模式，就是採取迴避、躲藏、逃離模式，在《量子轉念的效應》一書裡有更明確的說明。

註4：瞎子摸象：幾個盲人摸大象的身軀，每個人都認為自己所摸到的部分是大象的整個形象。比喻觀察判斷事物以偏概全。典故出自佛經，如長阿含經第十九獸鳥品、大般涅槃經第三十二、義足經卷下等。

註5：布達賀在這裡有雙關語意，意指是宇宙本體是由意識所創造的，所有宇宙裡所已知已見或未知未見的一切存在，都源自於「意識」，這原本是起源——此岸，並非是另一端的終點——彼岸，用「終極實相」來表示因果是一體的、非線性的，此岸即是彼岸的倒裝句。

註6：《量子轉念的效應》一書P.90，《潛意識是生命歷程的記錄器》章節有詳述。

註7：量子物理由於超弦理論的時空維數為十維，所以很自然的可以認為有六個額外的維度需要被緊化。而對開弦緊化則可以發現開弦的端點是停留在這些超曲面上的，所以這些超曲面一般被稱為「D膜」。研究員稱D膜的動力學為「矩陣理論」（M理論），是為「M」字來源之一。一九九〇年代，受對偶性（弦論）的啟發，愛德華．維頓猜想存在一個十一維的M理論，他和其他學者找到強力的證據，顯示五種不同版本的十維超弦理論與十一維超重力論其實應該是M理論的六個不同極限，這些發現帶動了第二次超弦革命。

五、時空輪迴與量子意識

我：物理學家以數學方程式在一九九八年推論了目前這個宇宙有十一個維度；包括二〇一〇年麗莎・藍道爾（Lisa Rundall）發現微粒子會離奇消失，認為是跑進宇宙另一個空間，發表了「額外維度空間」理論；於是和著名的心理學家雷蒙・穆迪（Raymond A. Moody）、醫生以及弦理論創始人之一的物理學家約翰・施威格（John Swegle）進行有關靈魂存在的研究，經過九年的研究，已經有重大的進展。二〇〇五年，美國理查・霍爾曼（Richard Holman）教授及理論物理學家蘿拉・梅爾西尼—霍頓（Laura Mersini-Houghton）博士預測了平行宇宙的存在，並由蘿拉・梅爾西尼—霍頓博士透過普朗克望遠鏡的數據，找到了平行宇宙的證據。那與三大之境有何關聯嗎？會跟「靈魂意識」的體驗有關嗎？

拓展與拉寬意識維度

布達賀：你所問的其實是同一個問題，只不過是分解成幾個區塊來認識。這就像是在問「可見的每個體內器官形狀，以及肉眼不可見到的各類血球、細胞等的運行，這些是否跟『生命跡象』有關？」是一樣的概念。

所有「一切現象」、「存在與不存在」、「可知與不可知」、「已知與未知」、「有意義與無意義」等等所有的「相對性」，全部都跟「靈魂意識」有關，少了靈魂意識，一切皆無，因為沒有了「識別」，在某個程度來說，所有的「境」（狀態、現象）就不算是「存在」。「靈魂意識」是一切「存在」的根源，有了靈魂意識這個「觀察者」的介入，所有的一切才有了「意義」。

「十一維度」僅是人類用自己有限的表層意識，藉由「數學」的計算程式「推測」出來的標準，它只是方便人類以慣用的感官感知方式去了解它。其實維度若要細分的話，不僅是十一個「維」，若以人類感官能理解的方式來作為標準的話，是需要能夠「測量」才能得知。「測量」這行為本身就是一種原始與落伍的方式，因為需要有一個能被測量的目標才能進行，這目標需要有具體的限度、體積、空間、距離才有辦法測得出結果，問題是，這宇宙裡絕大多數的存在都是無限大、沒有「邊際」的，怎麼去測量出高與低、大與小？怎麼去「界定」超過三維以上的存在，然後去「彼此比較」呢？除非你已是超越這些維度的那個「一」，才能洞悉這個「一」之內的各個存在現象。

打個人類能夠想像理解的比方好了，如果你是微小到自己體內肝臟的細胞般的大小，你的視野就是以細胞的視野來看待四周的景物，在這樣的狀態下，你這個細胞能體會或想像出這個肉體整個形狀與大小嗎？可能連一起共生的肝臟器官的形狀都不見得能夠想像得出來，更何況是整個身體與其他相互關聯的器官和組織？除非你就是這個「肉體」本身，以這「一體」的角度來微觀自己體內的器官，甚至是細胞，才能完全了解各個結構、大小與形狀。當這樣的情況，刻意區別體內的器官位置、大小、數量等是否正確，對這個一體的肉體當事者來說，其實已經沒有那麼重要了。

我：所以你的意思就是說要有「一體觀」是嗎？難怪前面你會提到要跳脫人類肉體的五感認知。會有時間與空間的「感覺」，也是源自於意識的「認知結構」下所建構起來的「樣子」，並不是我們五感所認知到的「真實模樣」。

布達賀：是的，我們還是會拉回到這個原點——拓展與拉寬意識維度。

我：這對習慣唯物的人類來說，是很難接受與相信的，因為這就代表著，所有宇宙的一切真實物質，只不過是一種幻影和幻覺，完全都根據自己的意識才會存在著。換句話說，是宇宙實相被人類已知的科學證明出來，而非因為有了科學，宇宙實相的真實性才存在，千萬別倒果為因。

布達賀：你這句「是宇宙實相被人類已知的科學證明出來，而非因為有了科學，宇宙實相的真實性才存在」，說的一語中的。目前人類的「量子物理學」不就把物理科學、玄學、宗教、哲學全都攬進來了嗎？它基本上就是「唯心論」。「時間」與「空間」只是靈魂意識方便體驗五大課題所創造出來的「舞台」與「佈景」，它們是可以根據靈魂意識的需求，進行變化、組裝和記錄用的標籤；既然是可以像樂高積木一樣的隨自己意識來做組合，所以「順序」就不是人類生活上所已知的「線性前進」方式，「時間」並非「一去便不復返」的，它非但不是線性運動，而且還是「因果並存」。

人類都以為自己在創造「現在」之後的「未來」，事實不然，某個層面來說，人類一直在創造「過去」，然後「現在」的自己一直在承受「那個過去」所延伸的「未來」。若對「時間」還存有「流逝」、「真實」的認知信念，那絕對是無法「創造未來」，無論你用什麼美麗的詞彙來說明那個「創造思惟」或「創造行為」，那都是南柯一夢的。因為，你只「看見」生命劇本的內容（表象），並沒「看懂」為何這生命劇本是如此編排？動機、目的與內涵是什麼（實相）？只看見表象就認為自己懂了，那還是三大扭曲印記信念的戰逃機制下「偽領悟」，在這樣的「舊思惟」基礎下的「創造思惟」及「創造行為」，僅是「舊瓶新裝」罷了，不會有任何本質上的改變。

我：在《量子轉念的效應》裡，我們的對話中就有談到跟「時間」有關的部分，例如：集體潛意識場與潛意識的「量子糾纏」現象，甚至延伸到「心物鏡像對話」、「夢境訊息場」、「生命藍圖」、「健康與身心靈的關係」等議題，我甚至還將這類關聯整理重組出有系統的轉念引導技術，造就了一套「量子轉念引導技術系列課程」，這全都印證你所談到的時空與意識間的關聯性，以及印證「看見」與「看懂」的區別。

布達賀：雖然我明白你所說的，但為了能再更明確地將訊息傳遞給人們，能否請你用更具體與方便理解的方式說明。

我：我可以先用一位一對一量子轉念引導個案的對話實錄，做為印證案例後，再繼續說明。

【個案實例節錄】

秀真（化名）為已婚三十多歲女性，完整的一對一量子轉念引導以十小時為一階段，分連續兩天完成，節錄其中部分引導內容。

秀真：什麼都無能為力！你就只能看著事情發生。（一副木已成舟的語氣和表情）

我：什麼事讓妳感到無能為力？

秀真：這三世的經歷，生老病死我都是感到無能為力，沒辦法，只能看著吧！

我：那除了這三世外，在較早之前的時間軸線裡，還有類似這樣的經歷、觀點與感受嗎？

秀真：我只有這個畫面（秀真當下腦海揮之不去的畫面），就是自殺上吊的那個場面，就是死了也無能為力啊！反正，全是沒辦法，無能為力。

我：妳指的是上吊自殺的那一世無能為力？（秀真回答：是）什麼事妳無能為力？

秀真：就死了啊？死了就沒辦法了。

我：是因為對「死了」這件事嗎？

秀真：就是對有些事情沒法解決感到無能為力。

我：我現在再請妳回到當時上吊那世再經歷一遍喔！妳說妳當時是什麼原因（上吊自殺）？

秀真：我跟我老公吵架。

我：吵架之後呢？

秀真：然後我就上吊嘛！（秀真顯得不耐煩的語氣，似乎覺得自己當時理所當然的正確反應，還需要再問嗎？）

我：什麼理由妳上吊？

秀真：死給他看囉！（秀真不自覺乾笑了幾聲）

我：請再說一次這句話及感受。（我讓秀真複述幾次這句話的目的，是想引出她背後的情緒，由情緒去發覺情緒背後的信念內容是什麼？）

秀真：死給他看囉！（秀真很專心複述幾次這句話）

我：所以這是誰的決定？

秀真：我的決定。

我：這個決定是「誰」強迫妳的嗎？

秀真：沒有啊！

我：好的，那怎麼會「無能為力」呢？

秀真：可是……就……真的死了也無能為力嘛！不是我決定，我以後也會死啊？

（此時秀真從說出口的這句話裡，可以看見她扭曲偏頗的邏輯信念。但是，我不能直接告訴她「對」「錯」的評論，因為她不可能因為我的評論而想通，我必須引導協助她「看懂」

真相，這是量子轉念引導技術裡的主要核心宗旨。）

我：對，但是，提早讓自己用上吊方式結束生命的是誰的決定？

秀真：我自己啊！

我：這是「無能為力之下」所做的決定嗎？

秀真：好像也不是（秀真以傻笑兩聲方式回應，似乎動搖了原先的堅持），可是……

我：好，妳當時選擇用「上吊自殺」的行為，妳剛剛有說到的理由是什麼？（準備協助洞察舊認知結構是有錯誤的，及重新建構新認知。）

秀真：沒有什麼好辦法，沒有想到。

我：好，是「沒有別的辦法」，還是「沒想到」？

秀真：是沒想到！

我：再說一次。

秀真：沒想到。（我讓秀真再複述這句話，目的是要讓她意識到，「沒想到方法」與「沒有辦法下的無能為力」是不同的。前者是有解決之道，只是還沒找到；後者是木已成舟成定局，毫無可以改變的可能性。）

我：所以，妳當時為何會選擇上吊自殺的方式來處理和先生的感情問題？

秀真：沒有想到好辦法。因為，就比較容易。

我：妳想要用「上吊自殺」的目的是要幹嘛？

秀真：讓他難受啊！

我：為什麼妳會覺得用「死」這件事會讓他感到難受？基於什麼樣的理由？

秀真：因為，沒有找到別的辦法。

我：所以，妳只是為了想讓他「難受」是嗎？

秀真：哈，嘿，對，對！（秀真此時像是做了一件令自己稱心如意的事般地笑了出來）

我：好的，我們再去回顧經歷那個過程，讓自己完全投入在那個角色與整個情節裡。妳用「死」

來讓他難受，這個目的妳有沒有達到？

秀真：達到了啊！

我：那妳再繼續看下去。在妳「死」的那剎那當中，妳看到妳先生發現到妳死了，因為妳的死，他很痛苦是嗎？

秀真：對！

我：妳去感覺一下，在那個時候，妳看著妳自己，決定了這樣的行為，然後達到妳的目的，那時候的妳，開心嗎？

秀真：就覺得很可笑。（秀真自嘲的笑聲與表情）

我：哪裡可笑？

秀真：就用這種方法啊（一副覺得怎麼那麼愚蠢的語氣）！很幼稚吧！

我：覺得自己很幼稚，還有嗎？

秀真：就是覺得很幼稚。

我：那妳不是覺得人早晚都會有一死，這是無能為力的事，怎麼又會覺得你選擇的行為很幼稚？

秀真：還有別的方法吧！

我：好！如果那件往事能夠讓妳再重來一次……（我還沒問完，秀真就直接回答我了。）

秀真：我情願不死。

我：那麼妳會選擇用什麼方式處理？

秀真：至少不會用「死」（指上吊自殺）的方式吧！也許會用「不理他」或別的方式來處理。

我：妳去看一下妳上吊自殺的那一世……妳選擇用上吊自殺的方式離開，在那世妳得到了什麼？

秀真：沒得到什麼，就覺得自己好幼稚。更多的是，想珍惜生命吧！

我：妳從那世當中去看一下，那一世的一輩子，投胎在那一世所經歷的，對妳而言，那一輩子有沒有讓妳學到什麼？

秀真：珍惜生命。還有別的方法可以解決問題。

我：妳當時的靈魂看到這個部分，回顧了這個過程後，妳的靈魂去了哪裡？

秀真：就去遼代那一世（秀真回溯三世前世記憶中的一世，西元九四三～九九九年）。

我：妳去感覺自己的靈魂，基於什麼樣的理由，妳選擇了遼代那一世？

秀真：怕死啊！我在那一世很怕死。

我：還有嗎？

秀真：我在那一世也很幼稚，幼稚的內容就是：想用殺人的方式讓當時的皇上難受。

我：所以妳放縱自己的部隊去濫殺無辜百姓……

秀真：就是想讓他難受，不想讓他好過。

我：妳看一下，妳的靈魂離開上吊自殺那世還沒投胎到遼代時，這過程妳先到了哪裡或經歷了什麼？

秀真：在上面，像雲一樣的地方。

我：在那裡做什麼？

秀真：很多人在討論。

我：討論些什麼？

秀真：討論劇本吧！（指下世的生命藍圖）

我：討論的內容，跟妳要去遼代那世有關嗎？

秀真：有關啊！就覺得上吊自殺那世這樣的人生太簡單了，死的方式也不夠好，再弄點波瀾壯闊的、驚險刺激的。

我：那再去看一下，那時候妳要去安排下一個來世的過程當中，除了剛剛妳所想的以外，比較深入的部分，想在來世（遼代）得到什麼嗎？

秀真：愛！愛情，有人關心，有人照顧的感情，還有，對自己的生命特別在意。

我：用「特別在意自己的生命」的部分，想讓自己體驗或得到什麼嗎？

秀真：就是讓自己充分體驗生命的價值。

我：好，當時在雲那個地方做這樣的討論與構思的時候，細節的部分妳是如何去執行或安排了什麼？

秀真：好像「想的」跟「實際演的」不一樣。當你真正進入到實境時，當初想的跟實際演的會不一樣。

我：那妳去理解一下，什麼原因會跟妳想的不一樣？

秀真：就是「恨」吧！就是本來想體驗「愛」的感覺卻體驗不到，然後就變成恨吧！

我：所以當妳體驗不到原先想要的內容，就會開始跟「演的」不一樣了是嗎？

秀真：是的。

我：所以，真實的人生會跟原先靈魂設定的計畫，內容不一樣的關鍵是什麼？

秀真：我錯誤的理解時，就會把原先的劇本改了。

我：在我們這樣的對話過程中，妳有得到什麼啟發或想通了什麼？

秀真：最好別改劇本。

我：用妳當時的靈魂意識去理解，當投胎到了人間（遼代），是什麼樣的原因，會讓原本應該體驗到的愛，卻感受不到與體驗不到，導致妳會不自覺去改了劇本？

秀真：是因為我在遼代的情感跟在上面時的情感不一樣，就是當你做人的時候，跟在上面的時候是不一樣的，以為自己能歡喜接受，結果不接受啊！

我：妳看一下當時跟妳一起討論的靈魂們，妳去問他們，當來到人間後，如果遇到像妳剛說的，跟上面的感覺不一樣的時候，以他們過往的經驗，會給妳什麼樣的意見或經驗傳授？

秀真：他們依舊按他們的角色演，但我沒有按原先設定的演，接著就會亂演了。

我：這群靈魂會想要給妳什麼樣的想法或協助嗎？

秀真：也不知道妳的怨恨怎麼來的，我們原本說好的，妳自己亂演的。

我：那妳想跟他們說什麼？

秀真：就是不知道為什麼，好像是有印記干擾什麼的，讓我感受不到原先的設定，然後感受不到你們給我的愛。

意識可以改變過去及未來

我：從引導這位秀真的內容中我發現，我們的潛意識裡某些意識焦點若是固著住「過去的某種信念觀點」，即使物質肉體會隨著「物理時間」前進，但是「意識時間」（俗稱心理時間）卻不斷地停留在那個固著的「過去」，並且緊緊地抓牢著它。若以這樣「相對性」的角度來看，生命的「物理時間」看似在往「未知的未來」、「可改變的未來」邁進，其實是將「過去」不斷地像電腦的文書處理模式，「複製」然後「貼上」在往未來的每刻時間。簡單來說，不是在創造未來，你只是不斷地「在未來創造過去」罷了。

布達賀：你這個比喻很好。看來這位秀真就是一直在「未來的時間線」上，創造出一次又一次的「過去」，即便她想「改變」方式，去創造一個不一樣的過去，也是徒勞無功。原因就在於沒有看懂「那個過去」所發生的實相，是以「戰逃機制」為基礎來創造，不是以「實相」為基礎來創造，得到的結果依舊是歷史重演，不會改變掉任何事（指的是事情的本質內容是相同的）。你在《量子轉念的效應》裡的「為何事情越用心處理，狀況反而越糟？」

章節談過，這就是「量子糾纏」的效應。

我：量子物理證實，「意識可以改變過去及未來」，最近有個實驗證明，過去的粒子會根據它們在未來的觀測和測量而改變。在被測量之前，他們的真實狀態是保持著「多種可能性」，這個最新的實驗證明，時間可以在次原子層級上倒退。

首席研究員安德魯・特拉斯科特（Andrew Truscott）在新聞中發表一篇聲明，點出物理學家證明「如果你不看它，真實就不會存在」（此句話中的「看它」，意指意識的焦點或是「相信」的邏輯觀點）。雙狹縫實驗證明，粒子在「同一時間，可以是兩種事物」（波粒二象性，可以是無形能量波態，亦可以是有形物質態），觀察之前呈現多種可能性，人的意識可以影響它的行為；粒子是可以穿越有形物體的，選擇成為多種疊加狀態中的一種，也就是意識「想要」的那一種。

約翰・惠勒（John Archibald Wheeler）的「量子延遲實驗」將雙狹縫實驗做了改進，用光子代替電子，在光子經過雙狹縫打在螢幕前的一剎那，突然加入半透鏡，也會形成干涉條紋（指無形的能量波狀態）。這代表著什麼?代表著光子作為粒子（有形的物質狀態）經過第一面半透鏡的「歷史改變了」。簡言之，已經穿透過鏡面的光子，可以等待人的決定後（意識選擇），再「延遲選擇」自己如何穿透鏡面（意識所選擇的內容）。這打破了我們千百年來所認知的物理科學——直線前進的因果律，那就是「『原因』是由『結果』來決定」，而不是「『結果』是由『原因』造成的」。

馬里蘭大學的卡爾洛・阿雷和同事們按照物理學家約翰・惠勒「量子延遲實驗」的設置實際實驗，證實了這個觀點。也就是說，人們當下的做法，決定了光子過去的行為。在電子的世界裡，凡事皆有可能，因為波無處不在，直到你做了選擇才變成確定的粒子，這個「選擇」就是「意識」介入的同義詞。

尼爾斯・波爾（Niels Bohr，一九九二年榮獲諾貝爾物理學獎，量子理論之父）說：「任何一種基本的量子現象，只在其被記錄之後，才會是一種現象。」這些都說明了些什麼呢？「意識覺醒」這件事會重要的原因是：它決定了你的過去、現在與未來的實相內容。

布達賀：說對了。你等於用人類習慣的邏輯理解方式，解釋並證實我前面所提到的「因果並存」的事實。換句話說，就是過去我曾說的「無始亦無終」的概念。那這跟「三大之境」與「平行宇宙」之間又和何關係呢？答案是有的。

在過去的時空我曾解釋說明過，後來的研究者有留下過紀錄，只不過現今大都以宗教信仰的「寄託心態」，變成一套「庇佑的護身符」，而不是去鑽研理解的學問了。這也是呼應現今集體靈魂意識需要轉換蛻變的需要，開啟了我們現在一連串的對話。看似是你我之間的對話，其實只不過是藉你的表達，以人類慣用的五感和思惟理解模式來傳達這些重要的訊息；這也是一項以「織毯」的交織形式，串連更大的「量子糾纏」。

這段內容的訊息量太龐大，它是以「全息意識」的方式「共時性」的互動，以人類慣性的線性思考方式來說明，必須再分不同章節來傳達。我們在下次對話訊息裡，會再延伸這些訊息。

六、全息意識與多維平行宇宙

我：我們繼續之前的對話內容。你前面剛提到「全息意識」這個詞，我若是理解上沒錯的話，可以從「量子意識」開始延伸到「全息意識」的含義，讓正在閱讀這些訊息的人們更能通俗地理解，作為「憶起真實自己」的線索。

布達賀：這是不錯的主意。「對話」的目的，是要把一個「實相」利用不同角度、面向的資訊呈現出來後，再將之建構成一個完整的訊息，而不是僅是單單在求助神佛、求籤問事般的提問與解答的層面，這樣的意識層面還是停留在非常原始的狀態上，那就是「奴役性」的「自我價值否認」；換句話說，就像一個不願承擔、負責自己生命旅程的孩子，只想永遠讓父母照顧般的懦弱和依賴，標準的「神寶」、「佛寶」[1]啊！

雖然我已經知道你所有想表述的想法，我還是需要你在這對話中說出來，畢竟「訊息」是需要解讀，才能讓更多人了解。

世界是由我們的經驗所創造

我：物理學家約翰・惠勒（John Archibald Wheeler）說：「『it from bit』——萬物源自位元，意謂物理世界中的所有東西，終極上源自於非物質，即所有物理事物源自訊息。宇宙是參與式的宇宙，宇宙會存在，是因為我們參與其中。我們不是旁觀者，世界不是客觀存在，而是由我們的經驗所創造。」所以「潛意識」裡的「意識」（觀點、信念、認知）本身就是一種以位元與位元組[2]量子態活動形式的訊息，以「量子意識」來稱呼這樣活動的訊息，比較能讓現代的人們理解。

當一個人做到以「量子意識」作為意識活動的形態時，他的意識便可以超越三維的時空框架，回溯自己累世的前世記憶、前世死亡過程、前世死後到達三大之境的哪一境？包括預觀今生未來的生命藍圖，預觀今生如「瀕死經驗」般的死亡過程、今生死後到達三大之境的哪一境？甚至是否還會有下一世的生命之旅？也就是以哪一維來「查看」或「觀看」自己「過去、現在、未來」的靈魂旅程。

有的人會以第一人稱的視角來回溯（像 FPS 電腦射擊遊戲，是以第一人稱視角進行遊戲）；有的人會以第三人稱視角來看自己與角色間所有的互動狀況；有的人會這兩種交錯進行；有的人會是以「位元組」的方式回溯，不見得是有很具體清晰的影象或聲音，比較像是一組詞句或訊息內容的形態，類似於靈感或感應的感覺。這些方式都是符合量子理論裡的「量子疊加狀態」與「量子糾纏」的反應模式，「現在」會跟「過去」糾纏在一起相互被影響，「現在」也在影響著「過去」，「過去」也在影響著「現在」。

位元的「〇與一」和粒子的「自旋及反自旋」、「有形粒子與無形波」、「陰與陽」、

「實體與非實體」，所有各維度都涵藏著這樣的互動模式，這完全符合「雙狹縫實驗」的證明——「波粒二象性」（觀察者效應）。一切皆由「意識」（觀察者）來決定是哪一種形態，只有「源頭意識」（多維智慧意識）是超越這兩極，卻同時又擁有這兩極，因為「源頭意識」同時具備這兩者。這樣的狀態下，《易經》稱之為「太極」，老子稱之為「道」，宗教稱之為神或上帝，新時代靈修者稱之為神性，悉達多稱之為佛性，心理學家稱之為超意識，美國亞歷桑那大學教授史都華・哈默洛夫（Stuart Hameroff）稱之為純意識，我則稱之為「集體潛意識場」或「全息意識場」。

粒子就像一部具有 wifi 或 NFC（近場無線傳輸）無線傳輸功能的微型攝影機一樣，它可以攝錄與接收傳輸影象聲音訊息給其他粒子。「全息意識場」的意思是：粒子在未被意識觀測前，原本就以無形能量的波狀存在所有的宇宙裡，像是同時多部布滿所有空間與角度的三百六十度微型攝影機，毫無死角。每部微型攝影機可以記錄一組甚至多組訊息，把所有微型攝影機裡記錄的訊息重新組織排列，就可以拼湊成一個完整的大型立體影象；但每部微型攝影機裡記錄的訊息，就像我們身上的 DNA 一樣，任何一個 DNA 都有著我們全身完整的訊息，只不過這些指向同一副肉體資料的 DNA 現在聚集在同一副肉體內，「這副肉體」就是一個聚集的場域，就是 DNA 的全息意識場。

「源頭意識」就是一座超大型的靈魂意識聚集的全息意識場，也可以說成是宇宙數據資料庫。

上述的意識狀態，均可以藉由「量子轉念引導技術」來幫助一個人在潛意識狀態達到「量子意識」及「全息意識」，這也是「量子轉念引導技術」裡「轉念」的真正意涵。

布達賀：你說明得很清楚。所有「達到」靈魂五大課題的「豐盛內容」、「豐盛的路徑」、「豐盛的方法」，早就已經存在了，在線性時間的邏輯上說，就像是存在於「過去」一樣。那為何你（指大部分的人類）會不知道、看不到，更感知不到？是因為你從過去所累積在潛意識裡的三大扭曲印記信念，迫使你的意識創造出另一條時間線，讓自己活在這條時間線裡的宇宙實相中，自然跟「豐盛內容」、「豐盛的路徑」、「豐盛的方法」的宇宙實相錯開成為兩個平行的宇宙世界；而且還不斷地在自己靈魂旅程中，製造這樣的生命循環狀態，有人稱為「沉睡的心靈」、「迷失自我」、「活在幻覺、夢遊裡」、「噩夢」、「娑婆世界」[3]、「五濁惡世」[4]、「詭譎小我」。

「知道覺醒」與「覺醒生活」是兩件不同的意識心靈狀態。前者就像只讀萬卷書毫無行動，只是「假裝」自己已經覺醒，但還是在沉睡中夢遊般地行動著；後者較像是喚醒內在的力量與勇氣，行萬里路般，直接去深入接觸、感受。

處在假裝自己覺醒的人，僅是比「神寶」、「佛寶」的人聰明高段一點而已，他們期待達到某個終點就可以一勞永逸、坐享其成。事實上這宇宙的實相本質是無常、變化，並非有個固定、停止的「終點」，所有朝這個目標的作為及觀點，看似非常正向光明，事實上只是戴著夜視鏡，繼續停留在一個沒有光線的黑暗房間裡，觀看著房間裡的景物，以為看見的是世界的「全部」，卻沒有直接走出這個房間與屋子到戶外去，直接以原生的眼睛觀看戶外陽光明媚的世界景色。夜視鏡只是協助你從伸手不見五指的暗房找到房門、走到寬敞華麗的客廳，然後再從這客廳找到大門、走到屋外的工具。

別以為戴著夜視鏡看見客廳裡恢宏華麗、琳朗滿目的裝飾和珍貴擺飾，就以為達到終點了，所有的靈性知識、修煉與境界，就像是「夜視鏡」與「恢宏華麗的客廳」[5]的關係一樣，那只是激發你，從習慣自囚於暗房開始願意往下一階段行動的工具，「恢宏華麗的客廳」從來就不是「終點」，它只不過在這諾大的世界中的一座建築物罷了。想繼續一直當「神寶」、「佛寶」的人是永遠不可能連結到「終極實相」，因為他永遠在等「恩賜」、等「分配」，而非「創造」。

「意識」是最真實的

我：當你這麼說明時，我在腦海裡突然收到一個訊息，它是一個圖像式的訊息。

所有的「喜悅」、「財富」、「愛」、「平靜」、「靈魂伴侶」等等這些「豐盛資訊」，包括我們在體驗靈魂五大課題中，造成三大扭曲印記資訊在內，全都早就以粒子的形式，也可以說是位元的形式存在著，它涵蓋遍布著各維度的宇宙裡，到處都有著它們，不受時空所阻隔。

要形容這樣整體的狀態，簡單說就是「集體潛意識場」，它就是以量子形式運作的「量子場」，同時也是「宇宙數據資料庫」。但是身處在三維時空有著肉體五感的我們，受限於累積在自己潛意識裡的罪疚、創傷情緒、移情等三大扭曲印記信念所組成的觀點和認知，只連結這些扭曲印記信念資訊，在我們身上形成了一個獨立場域，這個「場」將我們跟集體潛意識場（量子場）的所有「豐盛資訊」阻隔開來外，我們自己卻被籠罩在其中，然後不斷連結這個三大扭曲印記信念的訊息，反覆投射在我們物質現實世界的生命裡。這樣的迴圈就像是：我們不斷把錯誤的訊息再生利用，產生的仍然是錯誤的。看似我們正走向一個有變化的未來，事實上只是把錯誤的訊息加工成不一樣的外型罷了。

除非，我們自己願意開始睜開心眼轉變，放棄舊有固著的三大扭曲印記信念，才會開始在潛意識印記場的這個「罩子」上打穿，讓集體潛意識場裡這些「豐盛資訊」能有機會「滲透」進來，你才能夠與它「連結」上，然後重組運用投射在未來，才會創造出一條全新的時間線。（如圖1）

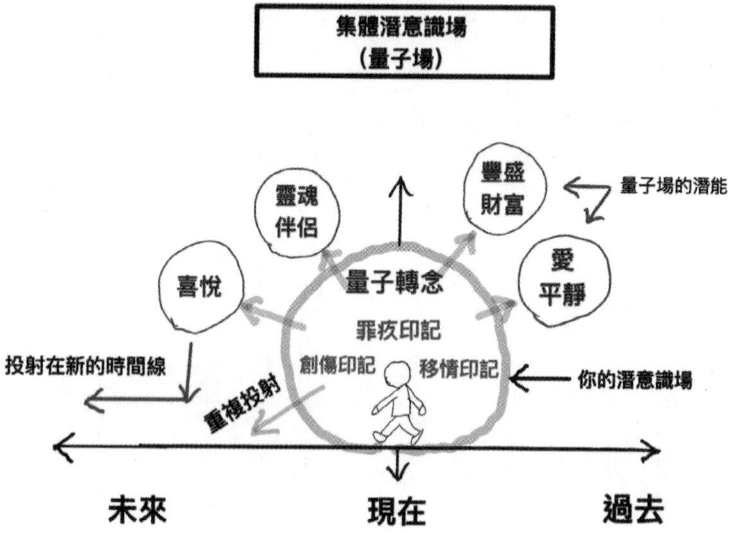

圖 1：集體潛意識場（量子場）與個人潛意識的量子糾纏模式，陳嘉堡製圖。

布達賀：你所表達出來的內容及圖，以「靈感」一詞來形容集體潛意識場與個人潛意識的量子糾纏。當一個人能轉化印記信念的同時，就能接受到豐盛實相的訊息，經由他的大腦投影成像，讓自己便於理解。因此，這並非眼睛有接收到任何經由光線折射物體產生的視覺影象，大腦只是一部量子電腦，將龐大豐富的訊息位元快速地運算解碼並投影罷了。所以，意識覺醒的人，不會全靠五感的感知，來作為認識世界的唯一途徑。

我：許多物理與大腦研究的科學家們經無數次實驗證實，大腦雖然是三維存在的人體器官，但它是一部全息宇宙投影的接收螢幕。我們在三維物質世界經歷過的所有事情，都會以能量形式的二維資訊碼，先存放在潛意識裡，並同步連線，備份在集體潛意識場裡。無論是「豐盛資訊」還是「扭曲印記資訊」都同樣會經過量子糾纏的程序，再經由大腦加工處理，把二維資訊碼轉換成三維「投影全息圖」投影在大腦這個螢幕上。然後接著經由說話、行動、表達等動作，呈現在現實的世界成為「真實」。

布達賀：沒錯！看似真實的物質世界，實際上只是從涵蓋多維時空的集體潛意識場裡的「二維資訊碼」所投影的「三維全息圖」。而且，就算沒有三維時空的肉體與大腦這個工具，也能夠進行投影的動作。

我們在前面的「多維時空」的章節裡，提到一個很重要的觀念：「視覺是可以經由『靈魂意識』支配『訊息』，透過『頻率振動』產生不同的『粒子』，做不同的排列組合來產生。」所以，瀕死經驗的人，他處在「死亡」的狀態也能夠「看見事物」。「意識本身」就是具備接收訊息的螢幕及訊息源這二種特性，這完全符合波粒二象性的證明，沒有肉體大腦的意識，就可以自主傳送訊息並同時成為接收訊息的螢幕。三大之境也是如此運作，各維時空也是如此運作，全都是集體潛意識場的投影現象。綜括來說就是「全息意識」，任何一維都可以得知所有其他維度的訊息。前面提到的通靈現象也是同樣的原理，差別只是要看這位通靈者的意識層次通到哪一維的訊息，然後投影出顯象內容罷了。

我：難怪時代雜誌（《TIME》[6]）二〇〇六年度人物李察・亨利（Richard Conn Henry）說：「不要再反抗了，接受這個不容爭辯的結論，宇宙不是物質的，而是心智與心靈的！」

布達賀：說的一點也沒錯。「意識」是最真實的，反而是人類過去想盡辦法要證明它不存在；人類想盡辦法要證明固若金湯的「真實物質」，真相卻是恰恰相反，它反而是最虛無飄渺無常的。

我：也就是說，若我們只關注在自己五感感知的物質世界，就無法覺知到其他真實的存在？也就是另一個時空或另一個維度的自己？

布達賀：的確會是如此。可是這樣的說法，也許大多數人會覺得隔靴搔癢摸不著頭緒，我用這樣的比喻好了：相機或攝影機的鏡頭，無論有多廣角，能將你眼前想要記錄的影象或聲音完全收錄進來嗎？

我：不可能。受限於鏡頭的光圈以及收音設備接收聲音的範圍，還有規格、大小，處理這些相關訊息的電子晶片元件等硬體條件。

布達賀：沒錯。受限在拍攝畫面的範圍，是廣角或非廣角鏡頭，是否使用全景模式，基本上還是屬於二維平面的方式進行。地球上的景物是屬於三維立體的存在，二維平面式的鏡頭當然無法將三維立體的景物一覽無遺，全部「盡收眼底」。但是，在鏡頭拍攝不到的畫面範圍，也決非空無一物，更不可能毫無發生任何的活動，只是受到鏡頭拍攝範圍的影響，你只能看見鏡頭所對焦拍攝到的景物與正在發生的事物。

不過這裡有一點是無法否認的：相對於鏡頭拍攝不到的範圍與鏡頭正在拍攝的畫面，兩者看似「兩個不同的範圍與畫面」，不過對這座城市來說卻是「一體同時存在」的，就是連貫在一起並沒有「被分割」的。

那些不在鏡頭拍攝範圍的影象，對拍攝者而言，就像是「不存在」一樣，因為拍攝者無法得知它們「目前正在進行與發生的活動現象」；那些超出拍攝者鏡頭看不見的範圍，就是我們目前鏡頭所能見到範圍的「平行宇宙」。當你的鏡頭移向那些原先我們沒有去看的景物時，原先看到的景物也自然隨著鏡頭的轉移而在眼前「消失」，但是那個「消失」只是消失在鏡頭拍攝可見的範圍，並非真的在這個世界上消失了。

所以鏡頭拍攝到的畫面與沒有拍攝到的範圍，乍看之下，彼此就有種「兩個是不同時空」的錯覺。為了簡化這個線性邏輯的敘述過程，「平行宇宙」這個名詞是比較容易讓人類理解的。現在人類發展出一種三百六十度全景拍攝鏡頭，它能拍攝到的範圍當然不同於一般二維平面的鏡頭，能接近將立體的六個角度面全部拍攝進去。

若由「意識」的角度來解釋，就相當於「全息意識」了，在全息意識下，靈魂各維度的旅程、意識活動現象，是一覽無遺盡收眼底的，沒有所謂的範圍、分割、相對性、生離死別、天堂與地獄等等類似「區隔」、「斷開」的認知與觀點。

我：這就是「全息意識場」的運作模式與定義了吧？

布達賀：對！以人類目前的理解方式來說，是這樣沒錯。包括我前面所說的「三大之境」，都是在這樣的模式下運作。

我：難怪你會說，十一維時空的概念也好，平行宇宙時空也好，人死後回歸三大之境的概念也好，宗教所說的天堂與地獄也好，前世今生來世的輪迴也好，覺醒意識後的狀態也好，斷輪迴後的狀態也好，連結高我、高靈、天使、精靈訊息或跳大神、靈媒、乩童也好，意識能量治療、瑜伽、靜心、正念禪修也好，乃至於占卜、籤卦、《易經》、塔羅或數字算命、觀天象等，無論任何名相，都在這樣的「意識法則」下運行著。換句話來說，若脫離這個「高度」來解釋我剛說的這些名相，就會常常自相矛盾、自打嘴巴，這就是會被很多人定義成空泛、虛無、不務實、幻覺、迷信的原因。原來是運用這些工具的人，本身的意識層次與高度是否夠？而不是這些方法是迷信、不實際、逃避現實的。

布達賀：是的！你說對了。你的「意識覺醒程度」會對應連結到匹配你意識程度的人、事、物，包括你會遇到什麼樣的靈性老師、帶領者，與其相關的知識、團體。

我：直白的說就是「什麼樣的人，玩什麼樣的鳥」、「什麼樣品味的人，就會穿著什麼樣風格的服飾」。意識層面是覺知狀態或夢遊狀態，就會對焦到相互暉映的人、事、物，來呈現自己的意識狀態。

布達賀：當現在身處三維時空的你的意識覺知狀態與高度轉變時，就會將自己導往另一條時間軸線向度，會跟原本的時間軸線所導往的未來向度不同，如同鏡頭拍攝的位置開始「移動」

時，從那刻「開始」，看見的景物就已經「不同」了。這個「不同」也開始回饋、影響你自己的意識，組成新的觀點與見地。所以，如何讓一個人能夠覺知到：看似正隨著時間變化的外在世界，正改變著自己的想法與觀點，其實卻一直固定在「同一個範圍」在觀看。有如在井裡看著物換星移的天空一樣，永遠看到的都在那個「框框」範圍裡的景物時，他就願意「轉念」和「提升意識覺知及高度」，並開始往另一個更寬廣的實相向度行動。

現在決定過去

我：我完全可以領受到你所說的，所以我在創組「量子轉念引導技術」時，這把重要的鑰匙我稱之為「轉念威力點」（課程裡簡稱為「威力點」）就是核心引導步驟主要的程序之一。約翰・惠勒博士說，「一切定律都具有變易性（mutality），都不可能是不朽的，而宇宙本身也有生有滅」，這句話也適用在每個人每次靈魂體驗的轉世之旅，每次來到這物質宇宙就有生死的經歷。

重述前面他的量子延遲實驗：「現在決定過去，不是現在決定未來。」根本沒有「真正永恆不變的過去」，「所有的過去」都是你現在創造的而且參與其中；現在的每分每秒，你都在逆時間創造著過去所發生的一切，是你的「觀察」行為參與了宇宙的創造過程。也就是說，你的意識「創造」了屬於你的世界，包括你對自己過去生命歷史的觀點和詮釋。舉例來說，目前後世的人對於過去的歷史人物，從原本的評價記載，在多年透過考古學家發現的新資料，有了不同於過去的評價觀點，在這樣的情況下，不就是「現在的觀察行為」決定了「過去的歷史事實」？

類似於考古學家找到了一個兩千年前的古代城市遺跡，在「還沒找到前」你原本是「不知道它的存在」。簡單說，對你而言就是「不存在」。不過更確切的說，它早已經存在了，只是不在你的「認知結構」裡，必須等到你「現在」找到並且看到它時，你才會依照所有你目前發現的資料輸入電腦，才能開始計算出該古物兩千年前的城市模樣，然後模擬出來當時的狀態（過去），才會計算並「創造出」古代城市遺跡的模樣，與這兩千年跟這古代城市有關的一切歷史。

簡單來說，就像是電腦運作的程序一樣，我的「量子轉念引導技術」方式是：利用這樣的原理，我引導你的各種提問句型，就是協助你自己現在的意識觀察（造成煩惱的觀點）輸入資訊給自己的「心靈量子電腦」（個人潛意識），而心靈量子電腦會再回溯出過去事件的記憶內容與模樣，顯示在你的心靈量子電腦的螢幕上（腦海裡），這就等於是把「過去的歷史資訊」輸出。當找到「威力點」轉念時，就會改變原有「舊版本的現在意識觀察」，而導向「新版本的現在意識觀察」，電腦的運作程序是不變的，同樣的流程，這現在的意識觀察（轉念後的新觀點）輸入資訊給自己的「心靈量子電腦」，心靈量子電腦會回溯出過去事件裡的記憶內容和自我評價，與之前的認知會完全不同。

我把這樣的理論套用在回溯引導的技巧中，讓個案覺察，在回溯生命的引導中，三大扭曲印記與核心信念如何植入在自己的潛意識，它們如何交織在一起，都在共同重播著些什麼觀點、情緒？自己又如何將上述的一切付出行動，然後參與回應及創造出自己這一連串的生命遭遇。

接著從「印記信念脈絡」來分辨自己的信念結構，並沿著時間軸線脈絡，找到如何擷取這些片面印記內容和情緒建構成信念的「威力點」，最後對比自己記憶中的事實。這時，個案會因發自內心開始重新詮釋評價自己的歷史和自我評價，「共時性（Synchronicity）」地自己改變了舊有的情緒、感受與信念結構，轉化成另一層次的體驗及觀點，接下來就會改變自己的言行模式了。

綜合起來說，等於你的「現在」（新觀點）改變了自己「過去的歷史」（舊信念），然後就會重新選擇（有人用「創造」的名詞來代替「重新選擇」）不一樣的時間軸線向度，朝向另一個未來景象生活。

前面的許多一對一量子轉念引導個案的案例內容，從全息意識的角度上來看，就像跳躍進到另一個平行宇宙一樣，同樣是你，改變了時間軸線，也改變了自己的「未來」與「過去」的時間軸線，這個「轉念後的現在」，自動朝「過去」與「未來」兩個的方向各自延伸，形成一個新的時間軸線，但是這條時間軸線與未被量子轉念引導前的時間軸線發展，已經是「兩個不同的過去、現在、未來」的生命記錄（如圖2），這就是你的平行宇宙，也是為何「當下的威力點」可以同時改變未來與過去，而不需要找到「最早的初因」才能覺醒領悟的原因。

這不同於我過去所學到的技巧和方法，一定要找到「最初成因」才是改變現在與未來的唯一方式，我只要找到建構扭曲信念的威力點，就如同「槓桿原理」的「支點」一樣，找到它，就可以翻轉這個人創造出目前煩惱、痛苦、不安、挫折、失敗、自我評價低等等，根深蒂固、堅信不移的扭曲印記信念。

「現在的你會決定你的過去」，「改變過去」其實就是「創造過去」，它不是以傳統直線性的因果律去創造自己的未來。我們都把「未來」這個名詞看待成它會「自動改變」，不是固定不變的現象，單純以沒有任何外力因素介入來看，的確是如此。不過，「意識」是主導這個規則的主要原因。因為，你「此刻」之後的未來，都是以「過去的經驗認知」來作為意識的軸心，在這樣的核心意識之下，我們不願意面對過去、改變過去，你花盡任何力氣、用盡任何方法（祈禱、加持、靈氣能量、靈修、改運、冥想、吸引力肯定句、接高智慧訊息、通靈、占卜等等類似的方法），是撼動不了一個「相同於過去」的未來。

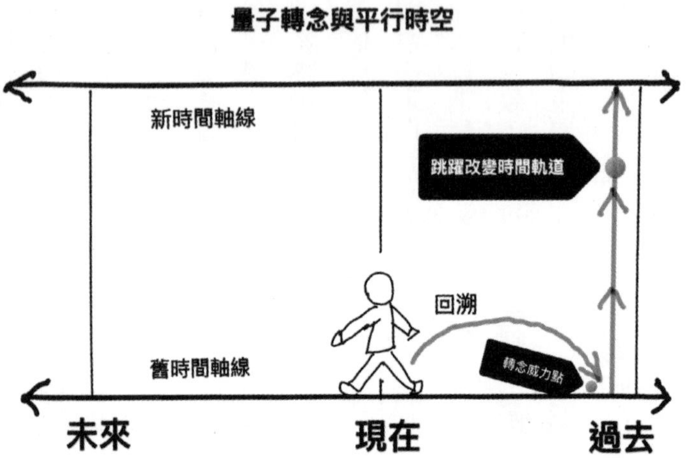

圖 2：在轉念威力點進行量子轉念後，產生人生的平行宇宙的路徑關係。陳嘉堡製圖。

多元時空的體驗

布達賀：精采！可以把抽象的平行宇宙概念，用貼近生活、邏輯思辨式與有個技術作為意識驗證的說明，我相信這段對話定能啟發很多正在閱讀訊息的人。基於你所解釋的內容，就可以再延伸接下來我所要說的內容，這內容對很多人來說是十分不可思議的。

「平行宇宙」的現象，有些會在純意識層面發生作用，例如：靈魂出體、瀕死經驗、靜心冥想、真實夢境……等，在不受三維時空、肉體五感感知約制的意識擴張狀態下發生，這部分你前陣子在睡夢中的真實感受就是一個例子，你要不要分享這段經歷與感受？

我：真的是如此！我很少有這麼真實如幻似真的感受，完全可以同理莊子「夢蝶」的心境和感受。除了在夢中自己當下心裡的感受外，還可以很清楚知道當下自己心裡在想些什麼。為了方便盡量呈現我過程中，眼前遭遇的事件及相對在心裡的對白反應，我會同時加上括弧備註來表達，就像是真實世界的反應遭遇一樣。那個夢境內容是這樣的……

＊＊＊

晚上和雨曇在一家餐廳享用著她最喜歡吃的蝦類餐點，在吃的過程，雨曇似乎感到蝦子不新鮮，我告訴她如果覺得這食物不妥就別勉強，她笑著說：沒關係！已經點了（感覺上她是擔心我會覺得她浪費）。她還是把它們吃完了。

回家後不久，她就開始一直嘔吐，像是食物中毒的反應。我說：我們去掛急診的號好嗎？她說：不用了，我休息一下就好了。

沒多久，突然來了三四位學員到家裡拜訪，看著她勉強自己的身體跟她們談話，內容除了部分的閒聊外，大部分跟回答學員提問的情緒問題有關。

我告訴她：別太晚睡，別太勉強身體，我先去睡了，明天我還有行程要走。

隔天，我正結束了一場受邀出席的演講活動，就在我要離開，正站在講座場地的商業大樓大門等待過馬路前往下個地點時，有一位主辦講座方的男性工作人員，神色慌張急忙地走向我。我看著他心想：怎麼了？發生什麼事讓他這麼慌張？接著他告訴我說：老師！剛剛醫院通知，雨曇老師過世了。

在被告知雨曇過世訊息的當下瞬間，內心千思萬縷的疑問、想法紛紛湧上腦海：怎麼會在這個年齡的時間點？她前幾個月解讀聖哲在納迪葉裡的揭示時[7]，不是比我還晚上幾年離世，活到八十歲的嗎？怎麼可能現在就離世了？不是還沒完成她已知的生命藍圖內容？這到底怎麼回事？我想問當時幫忙翻譯解讀訊息的 Keshin，請她問古魯（Guru，相當於印度人稱為上師）在過去的解讀經驗中，有遇過這種情形嗎？

一邊想著：將來要開始過著沒有雨曇一起生活的日子，那又將會是一個什麼樣的生活？我要開始整理自己的感受，適應這樣的日子。

其實，這樣的念頭，早在十五年前確知母親離世時，就有過這樣的情形了。雖然閃過這樣念頭的同時，我心裡也非常清楚，這件事是生命實相裡的一環，並非我接受不了事實，只不過沒預料到是發生在這個時刻的本能反應罷了。

接著開始拿起我的 iPhone，我一邊跟著這位男性工作人員走往警察單位，想查閱雨曇的相關資料，一邊在 Line 裡找 Keshin 的個人資訊，準備打電話給她詢問我剛剛心裡的疑惑，心裡卻想著，要怎麼在 Facebook 通知大家，表達雨曇的死訊？

一邊心中又想著，要趕快通知廣西南寧主辦課程的英廷，告訴他，這次九月十四日我跟雨曇一起前往的行程，雨曇老師到不了的訊息，要趕快通知取消已經報名參加她的「量子轉念共振場」的同學；我授課的部分應該還來得及在雨曇的告別式辦完後前往，想安撫英廷夫妻好不容易努力招生的結果，不想讓英廷夫妻及已經報名參加課程的同學們失望。

就在這些交錯的思緒中，我發現我並沒有「特別感到悲傷、失落」的情緒，只有面對實相與處理這俗世裡該處理的事物的心境。而且我還確認了一下自己的內心情緒，是否因為過於理性的要處理相關事宜，才沒有來得及去感受內在的悲傷、失落的情緒。結果發現，真的不是壓抑後的淡定，而是真的了解「生命是為什麼」的實相的自然淡定反應。

接著我跟著工作人員，就進到警察單位裡找尋相關的部門，想確認雨曇實際的死因。

這是一棟非常有歷史的老舊建築物，就像一般在台灣的政府機關一樣，大部分是日治時代留下的建築物。在某個樓層裡從走廊望去，兩旁有著許多的隔間，每個隔間都是一個部門的辦公室。工作人員在詢問了一小段時間後回覆我說，雨曇的資料不在這裡，因為她是被車撞死的，屬於交通意外事故，所以資料在另一個類似處理事故的政府單位。

當下並沒有立即意會過來，雨曇的死因已經改變了，於是我們就離開這棟建築物，步行前往距此不遠的負責單位找尋我要的資料。在步行前往到達目的地的期間，我內心感覺到，雨曇的靈魂意識會來找我的，就在這麼「感覺」時，雨曇的確已經出現在我身旁，跟著我一起並肩同行，這種場景就像我們日常的生活一樣，沒什麼差異。

就在邊走邊聊時，我終於不想壓抑心中想說的話，開始帶有些指責又無奈的語氣，直接向雨曇說：妳怎麼沒有專注在事物的正確方向上，明明像那個食物不新鮮還硬吃，身體已有狀況還勉強跟來訪的學員聊那麼晚，身體不舒服還硬撐，不告訴我帶妳去看醫生，妳一定要老是挑戰自然法則嗎？

這時雨曇用一副像被大人發現自己做錯事的小孩，那種無辜的表情說：我也不知道會變成這樣！

這就是我日常遇到她類似的行為，往往拿她沒辦法的地方，就是知道她不是蓄意的。我也坦白告訴她，我會這麼說，只是因為替妳感到不值得，其實是事情不需要走到這樣的結果才學到經驗的心情，也不是特別針對妳發脾氣。雨曇的眼神表情是回應我說：她知道了。

此時我們已經一起到達建築物的樓下，那是一棟像舊式沒有電梯設備的公寓大樓，那位男性工作人員幫我上樓去要資料。他下樓時，手拿著一塊大約三十公分乘以六十公分的紙板告訴我說：嘉堡老師，你只要用手機輸入上面這排帳號及密碼，就可以登入網站查資料。就在我依照他說的方式打字時，發現有個符號是我不確定該用哪種輸入的字符，他說他再上樓問清楚！

就在此時，我感覺全身就像是一種果凍狀般，然後突然被抽離開那種狀態的感覺；接著感到某種令我頭部暈眩的漩渦，我不確定是否閉著雙眼，不過好像可以瞥見五彩交融的漩渦。當再次覺得自己是睜開雙眼時，我發現自己正躺在家裡的床上，我下意識地轉頭往左手邊一看，雨曇還躺在我身邊睡得正熟。

此時，我內心一方面知道，我剛剛是睡眠的夢境，但是此刻的我，全身那種對目前身處的時空感到模糊和不真實感，不自覺地想要伸手去觸碰雨曇，試圖透過肢體接觸來確認目前的真實性。

雨曇這時因我觸摸她的舉動而醒了過來，用一副既是睡眼惺忪又疑惑的眼睛看著我問：怎麼了嗎？

我就把剛剛發生的夢境一五一十地說給她聽，她非常訝異的說：那麼真實跟清楚啊？

我說是啊！我也感到很意外。我終於體會到自己在講解「量子轉念引導技術」高階課程中夢與潛意識的章節時，舉的莊周夢蝶所說的感受了。我覺得自己像是去了另一個時空，而且這個夢境帶領我，讓我更真實親身體驗布達賀所傳達給我的訊息（《量子轉念的效應》書裡的「遨遊夢境訊息場」章節有談到部分內容）完全無誤。

我當下就已經知道這個夢境的答案了。對我們目前的三維時空來說，那些內容是我所做的夢；當然，針對夢境裡的那個時空宇宙來說，那的確是真實發生的事件。也就是說，我經歷了一場多維時空平行宇宙的體驗。

我知道這夢境不是預告雨曇即將發生什麼不幸的事情或死亡，雖然這兩天我們夫妻意外獲知一位朋友，因癌症久病，在睡夢中離世的消息。我覺得這場體驗也是我自己靈魂的多維意識，想讓我再深入親自感受：「意識」與「感受」才是「唯一真實不虛的」，所有不是「意識」與「感受」的存在，均是虛幻不實的，就連你以為有真實五感反應的肉體與能感知的物質在內。

「死亡」真的是一種「重組粒子」、「回歸量子態」的過程。沒有真正的「死亡」（從宇宙中消失），沒有誰能夠完全真實的「失去誰」，物質生命的現象，只是純粹的「量子態的意識」與「量子態的意識創造成為粒子聚合體」的差別。就像一個代言運動服飾、高級精品服飾、休閒服飾的明星一樣，不同的穿著與打扮，呈現給大家不同的風格與面貌，甚至是形象、風格與個性，但是這位明星依舊還是原來的自己沒變，可以說是脫掉服飾（死亡），這位明星（靈魂）

還是在啊！

這件經歷又正逢「孝親月」（俗稱的「鬼月」）發生，我覺得這段內容是想透過我的體驗與感受，將生命、靈魂的實相智慧分享出來。敬畏「好兄弟」是一種尊重「所有存在」的謙卑態度，不是懼怕的看待。把「好兄弟」當成是「地痞流氓」或「遊民」一樣的角色看待，這是非常自以為是的想法。好比電影《攔截記憶碼》（Total Recall，大陸翻成《全面回憶》）裡的「不列顛聯邦」（優越掠奪資源者）以及「殖民地」（被壓榨區隔者）的世界一樣，這是不公平的。

尤其先看到或聽到某些「關鍵詞句」時，就引發我們潛意識裡的印記與信念內容，從中就可以知道，我們自己是緊抱著什麼信念在創造我們的人生，然後我們正過著我們創造的生活！

「生命」的過程是「體驗」與「認識」，凡事都要等「走過」才能「發覺實相」。

如果我們已經堅信，緊抓著肉體五感的接觸才叫真實，否認「感覺」、「意識」也是「真實」而非「虛幻想像」的信念，那就無法理解、想像我書中與這文章內要表達的訊息。

「意識」本身是「自由」的，所以才能被我們的執著「限制住」在某個我們自己設定的認知框架裡。

我覺得，其實這個夢境正也是我自己的靈魂在讓我做自我測試，對於生死實相是否真的「通透」與「真實相信」？因為潛意識是最能毫無隱藏地將真實的自己，所想、所堅信的一切呈現在自己的意識層面上，在夢境裡的經歷越真實，就越容易赤裸裸地看見自己到底在相信些什麼。不過，這個自我測試的結果，只是讓我更加確信，自己在所寫的書上、課程上，包括生活上對受眾們說的「生死實相」，是言行如一的，而非只是拿著自己還沒有親身體驗、參與證實後的「大道理」，來告訴別人「生死實相」這件事。

我們都是一體的

布達賀：這就是純意識層面發生的意識擴張，目的就是讓你從這經歷中得到體驗和確切感受，這些內容會再以「訊息位元」的方式回存到集體潛意識場域裡，作為其他靈魂意識生命藍圖計畫與體驗的參考素材。

接下來，我要說的是另一種層面的體驗，來達到意識擴張的目的。但是，這個論點很多人一下子會很難理解，這種不可思議的內容不亞於《妙法蓮華經》裡敘述的內容。當年悉達多想要表達有關多維時空、時間並存、平行宇宙，全都是由意識的層次來決定它們是否存在的事實內容，雖然考慮到聽者受眾們能否理解的因素——何況當時絕大多數的受眾全都是未受過知識教育的，即使當年有很多已經被稱為「阿羅漢」[8]的修行者，也認為悉達多在故弄玄虛而紛紛離席。你就可以知道「意識」與「多維時空」的實相，有多困難地以我們三維時空的常識來表達了。

我：這點，我絕對是贊同的。但是，很多人確實是不清楚，甚至不相信這些看起來、聽起來非常「物理」的內容，會跟一個人的意識覺醒、靈性層次、解脫煩惱有何關連？大部分靈修或講求正念修行的人都認為，這些內容跟終極實相無關。

布達賀：就是因為這種「二分法」的二元觀念，所以這些自以為是的「靈修者」永遠有著閉門造車及故步自封的封閉心態，以為自己是走往正確意識覺醒的方向和境界，其實是原地打轉。別忘了，所有一切「均是」意識所創，少了「意識」這個主角，所有的一切就顯得毫無意義。既然全都因「意識」而生，也會因「意識」而滅，這就是「因緣生、因緣滅」的原因。

所有關於構成物質世界裡的「物理」，都源自於你的「意識」裡，三維物質世界裡每個對你而言會有「不明白」、「困惑」、「不清楚」、「想不通」等等不知其然的現象，都代表著你的意識還是受限在「框架」的幻相裡，這是一種「沉睡」、「夢遊」狀態，也就是說，還未覺醒。既然還未覺醒，意識就會因受困而心生煩惱，煩惱會帶來痛苦，痛苦會帶來災難。那麼認為這些內容跟覺醒無關的想法，到底是讓自己成為一個充耳不聞的受困者，還是真正走向實相的務實者？答案已經很清楚了。

所以，準備好聽我接下來要揭示的一個現象了嗎？

我：我一直都是準備好、期待著的。

布達賀：這個現象就是——同在三維時空物質世界的你不僅一位而已，而且他們會共同在一個時空的時代裡。

我：你的意思是，一般我們用精神層面比喻的形容詞，「你也是我」、「他也是我」、「萬物都是我」、「一切都是我」的意思嗎？

布達賀：可以這麼說。不過那是比較「廣義」的說法，我要說的是比較狹義的說法，是以一般人對「靈魂」這個角色狀態的認知，來做為「平行宇宙」的另一種現象來說明的。

人類一般都認為「靈魂」是像「物質」一樣的個體，有形體、大小、年齡、性別、長相的特徵，其實這只是對靈魂非常非常狹隘的認識。由量子的狀態來看，「靈魂」也是具有「波粒二象性」的狀態，即是無形的能量波；亦可以是有形的粒子形態。至於它會呈現哪種狀態，還是以「意識」來決定，甚至還可以同時具有這兩態的呈現。只是人類的意識頻率有時只對焦到有形粒子態的波段，才會「看見」靈魂，並且是有形體、大小、年齡、性別、長相特徵的狀態。

但是，以靈魂意識本身來說，並不是只有這種狀態，所以當它要體驗靈魂五大課題時，若有特別的體驗需求與目的，它是會在來人間轉世時，採取「共時性」的投胎成兩個或三個人。在三維時空以時間流逝的觀點來看，精確來說也許是「同時刻」，也許是「有時間差」。當分成兩到三個肉體時，暫時受限在肉體五感的範圍內，A肉體和B肉體有各自的人生，自然彼此就成為一種「平行宇宙」的現象。

這是為了「壓縮」體驗靈魂五大課題的「時間和速度」，所以「同時刻」可以同時經歷兩組以上不同的生命藍圖。就像是現在人類的數位科技[9]的影音串流一樣，手機、筆電、平板在同一個人的帳號下，可以利用雲端技術的多螢服務，同時收看不同影視內容，也可以做為主設備螢幕的延伸螢幕用途，讓看到的內容範圍加寬加大。

同樣的邏輯，有的靈魂還會根據自己的意圖來決定A肉體與B肉體的自己，是要各自體驗與發展，還是要相遇並一起攜手共同完成某些課題內容。這個相遇的「互動關係」，有可能是親密的、友好的，也有可能是敵對的、仇恨的等等恩怨情仇的情況。但是核心目的，都是為了加大與加速壓縮體驗靈魂五大課題的豐富度和層次度，和選擇「一對一投胎」的生命藍圖方式，只有「路徑」的不同，本質上沒有靈性高低或特殊性的差別。

我：這樣的說明，對於「我們都是一體」的解釋內涵就更加寬廣了。結論就是：當自己的意識層次與高度看清更多、更完整、更大的實相時，對於自身的生命遭遇與問題，就能更有智慧的去面對，讓自己的內心因此得到平安、自在與喜悅。我摘錄一位一對一量子轉念引導的個案筱琳（化名）對話內容，呼應你剛說的現象。

布達賀：這個章節的對話，可以告一段落，我們這次的訊息對話也同時結束。

我：謝謝你的訊息及這場對話。

【個案實例節錄】

我：離開那個前世時刻，妳去看一下在之前的前世，還有沒有類似的觀點、經歷、感受的事？

筱琳：有，我有看到。一個棕黑皮膚的人。

我：男的或女的？

筱琳：男的。

我：然後？接下來？

筱琳：是位部落長老，是那個地區的王。呵呵，有點像食人族那種感覺，上身有很多圖騰那種，戴著一種象徵王的帽子。很大的一個部落，住在森林裡，很像一個很大的寨子一樣，就很原始的那種。

我：妳是那個部落的族長是嗎？

筱琳：不是，我是那個一人之下萬人之上的……誒～等等。（筱琳像是要確認某件事的感覺）

我：一人之下萬人之上？（我跟著複述筱琳的話，幫助她再確認）

筱琳：好混亂喔！我有兩個，我覺得都是我。我有兩個畫面。

我：那兩個畫面是同一個年代？還是不同年代，但同在那個文明時期？

筱琳：我有點交錯的錯亂。有個畫面是我上身有圖騰，戴著像徵王一樣的帽子，站在高處，很多人在朝拜我的感覺；還有一個畫面是，我是一個很有智慧的老者，像是軍師，輔佐王的。

我：了解，但是他沒有直接的領導權是嗎？（指智慧老者的那個身分）

筱琳：對！其實他是間接掌握國家族群的，因為很多大的事情，例如：占卜、天象啊！王都要請教他，有點像王的指導者。

我：但他不是直接管理政治方面的事務。

筱琳：對，對！但這兩個畫面是重疊在一個空間，我有點困惑哪一個是我（筱琳尷尬靦腆的笑）。

我：沒關係，我現在要請妳去確認兩個部分。我這麼形容這樣的時空點好了，一種是說，它是兩個不同的前世？還是它是在同一個前世妳分飾兩個不同的角色？我所謂的兩個不同的前世指的是說，比如在西元一九九〇到二〇〇〇年，一樣在這個時間段，但妳有兩世在這時間段……

筱琳：肯定是一世。

我：同一世是嗎？好的，妳去感覺一下，這兩個身分給妳那麼強烈的感覺，是因為什麼原因或理由？

筱琳：你的意思是，那兩個身分有可能同時都是我？（筱琳的懷疑是有道理的，因為一般人會把靈魂意識以唯物角度去理解，也就是它是有大小、範圍等「尺寸規格」，總之是物質體的，而非「非物質體」。量子物理的「波粒二象性」已經揭示，電子可以是波狀並且「無

所不在」，沒有具體的大小與形狀）

我：這是非常有可能的，所以我要妳再去確認感覺一下。

筱琳：這種說法好像最貼近。（指的是「同時具備兩個身分」）蛤！還可以這樣嗎？（筱琳不可思議與驚喜的笑聲）

我：有時為了「體驗」某種狀態與課題，是會有這樣的安排的。

筱琳：那當時的我一定是不知道的，兩個都是我。你知道那種畫面嗎？（筱琳指她現在浮現在腦海的影象）一個人是站在那裡很高大，特別有王者風範的那種；然後一個是，傴著腰、年紀很大智慧長老的那種軍師之類的。

我：是否像我形容的這種情形，例如：有一部戲，找同一個演員演劇中兩個不同的角色，但他們會在劇中相遇並且互動的那種感覺？（我必須確認筱琳潛意識裡的記憶內容是屬於哪種情況，才能正確地針對所造成的三大扭曲印記信念內容協助轉念）

筱琳：對對！差別只是這兩個人（指王與軍師）外表長得完全不一樣。誒～那我豈不是天天在問我自己？

我：對啊！妳是天天在問妳自己。

（因篇幅與要闡述的重點因素，簡述過程省略至欲呈現重點的對話紀錄）

筱琳這段在馬雅文明分飾兩個身分的前世記憶裡，是當時有西方近代文明的人，為了馬雅人所棲息居住之地有著豐富資源而入侵，強迫馬雅人被殖民。但馬雅人天生的認知是，認為他們所順從的只有「天」，也就是大自然，與之共生共存，不願被殖民。後來西方近代文明為了奪取資源，以武力方式占領，並將馬雅人全族屠殺。

這段內容，筱琳被一對一量子轉念引導完當晚，傳給我她在網路上搜尋到的圖片與資料。學者推測，馬雅人為何一夕之間消失的其中一種可能，就是被西方文明入侵滅族，包括考古學家在馬雅博物館裡的模擬蠟像、武器、工具、裝扮、膚色、身上的圖騰等等，都與她在回溯馬雅這世的記憶畫面幾乎完全一樣。

讓她更吃驚的是，她從未看過關於馬雅文明的任何資料與圖片，對這段文明與「馬雅人」的種族詞彙也毫無概念，第一次聽到「馬雅人」這個名詞是在「二〇一二末日之說」時，全球新聞網路文章討論的沸沸揚揚，她才知道「馬雅人」這個名詞，但也僅是知道，其餘的部分完全沒有涉獵。沒想到她在網路上搜尋相關資料與圖片時，竟讓她有種「這個前世記憶是真的」、「不是幻想及虛構出來」的肯定感。

我：我現在請妳以王的角色，觀想那位長者有如親臨現場般在你的面前（給筱琳一點觀想時間）。對於當時的長者，在你不知情的情況成就了你，你想跟他說些什麼？

筱琳：其實我都懂，我都明白，你是故意把痛苦留給自己。而且，我做的是同樣的事情。在這個點上，我們倆都為彼此做了同樣的事情。

我：當妳表達完後，再回到妳是長者的角色。當你聽完王的表達之後，長者有什麼想法要回應給王？

筱琳：一樣耶（筱琳莞爾一笑）！長者說，其實我也知道，我也知道你是假裝的（指為了成就對方，把痛苦留給自己，卻在對方面前表現的一派輕鬆的模樣）。兩個男人在演戲，感覺他們彼此之間的感情好好喔！

我：了解了，那王跟長者彼此之間有沒有未了的或沒有來得及表達的事，想讓對方知道的？

筱琳：（筱琳停頓了約五秒鐘，有點陶醉在那種氛圍）那種感覺挺美的，有一種說不出……有點像生死的那種美感，就是兩個人死的時候很淒美的。然後，都問心無愧，都做了自己該做的事情了。

我：所以有遺憾嗎？

筱琳：王及長者其實是沒有的，但兩個都有一些悲哀（指內心深處），這是有的，都會有一些悲傷。若確切來說，在死前唯一沒有放下的，就是覺得那種改變不了命運的挫敗感，無能為力，只能眼睜睜地看著它發生（指被西方文明屠殺滅族的結果）的那種失落及挫敗感，眼睜睜地看著你喜歡的人在你面前死去，內心痛的是，不是自己死去，而是對方死去。王在最後被長槍刺穿身子時，還有回頭看著城牆那頭的長者。

我：後來長者也是死了是嗎？

筱琳：他們都死了。

我：好，我現在請你觀想當時的子民們到你的面前，對於當時那一世最後的結局，這場戰役是彼此戰力懸殊而全軍覆沒，你的子民們內心有沒有什麼想法？真實的感受是什麼？

筱琳：嘿嘿……（筱琳意外驚喜的笑聲）老師，他們也知道耶！好奇怪，他們也知道，只不過他們沒有王及長者對於這件事的實相那麼清晰，他們的意識沒到那麼高級（指意識層次）。

我：就像電影《阿凡達》[9]裡的納美人們一樣，雖然知道敵不過文明人，但也要拼死一搏，是嗎？

筱琳：對。

我：那麼，拼死一搏的理由是什麼？

筱琳：因為這個部落是一個王很愛子民、子民很愛王的一個地方，一個很和諧的地方。大家那種感覺就是：日子本來過得好好的，突然跑出一堆有的沒的要把自己給滅了，所有人覺得都很委屈，都覺得：「為什麼要這樣對待我們？我們有做錯了任何事情嗎？」大家都有那種受傷害的感覺。

我：好的，那妳再去了解一下你的子民們，為何不選擇投降而要捍衛？你們所「捍衛」的是什麼？那個背後真正的理由及原因。

筱琳：就是我們沒有做錯什麼，為何要低頭投降？我們當時認為我們是「正義之戰」，我們是正義的一方，對方是邪惡的一方，所以怎麼可能妥協？

我：所以你們不是以能力、勝敗來決定是否採取這場戰爭行動是嗎？

筱琳：對！不是這樣衡量的。捍衛自己認為是對的東西，例如：文化、彼此的感情、對土地的連結、自己的家鄉。

我：就是所有生命裡包含的「理念」、「價值觀」，綜合起來的，對不對？

筱琳：對！包括所有的花花草草的、土地的感情，你生長在那裡，從小到大你對這片土地的感情，你跟你的人民、你的王之間整體的那種情感連結。

我：好，現在我要請妳去對照現今的自己，對於「天賦」這件事，妳發現這兩者之間有什麼對照關係？

筱琳：哈哈，有天賦、有能力才更容易捍衛住自己所堅持的。

我：這句話帶給妳什麼樣的衝擊與新觀點嗎？

筱琳：有天賦比沒天賦來得好（筱琳開心地笑了）。

我：對於妳原本因為自己有「天賦」是件會為自己帶來困擾、被人排斥、煩惱的認知，有什麼不同嗎？

筱琳：我發現，我害怕自己有「天賦」，是因為害怕自己被排擠，並且我討厭這種「天賦」，恐懼別人因此而欺負你。我覺得正常的人對於美好的東西，應該都會想接近、欣賞它，可是我很不容易接受，這世上有很多人對於美好的東西，卻是想要摧毀它、排斥它，他覺得美好的東西不應該存在，只因為他自己自卑，覺得自己配不上，他就想讓美好的東西消失。

我今生有很多次這樣的體會，在不同的國家居住過，都會遇到很多人就是這樣的行為，他不僅把自己搞得很糟，還詆毀對方。例如我跟我的先生感情特別好，他們第一個感覺不是說：哇！真好，這個世界上還是有真愛、真感情。他們的反應卻是：這不正常，這不對，沒有夫妻不吵架的。他想要消滅你這種存在，他認為這不應該存在的。為什麼你們會對傷害自己與邪惡的行為上癮呢？這就是我在那一世，對於「為何在這個世界上還會有人迷戀在摧毀與殺戮裡，而不是崇拜和諧、美好」，這讓我很困惑，我很不能接受與理解。

我：好，關於這個困惑，我們後面會再繼續引導妳去了解。我們先就「天賦」這件事來看，之前建立的觀點，自己有什麼盲區？及有什麼不同與差異？

筱琳：唯一的差異，我領悟到一點：其實那些普通的子民們和這位王想的差不多，但是王能做的事還是更多一些。從發心與動機來說，大家都差不多；但是，能力有限，對於做大做小最終的結果差別很大。有能力的人，能成就的範圍與事情是比較大。

註1：現今許多成年的人，卻仍然依賴著自己父母的經濟資助與父母的觀點評價，以及遇到自己製造出來的問題，不是自己先去面對，卻要父母出面替自己收拾的人，被許多人戲謔稱為「媽寶」或「爸寶」。布達賀是借這樣的形容詞來隱喻，自己從不想去弄清楚自己的行為，是因為什麼偏差扭曲的信念觀點造成，只想求神佛保祐，替自己製造的人生狀況消災解厄收拾殘局的人，就像「媽寶」「爸寶」一樣的行徑，這是布達賀的一種黑色幽默。

註2：位元（bit）中國大陸稱「比特」，是二進位，用來表示一個簡單的正負，即是○與一，是資訊最小的單位，**Bit** 是 **Binary digit**（二進位數位）的縮寫，由數學家 **John Wilder Tukey** 在一九四三～一九四六年間提出。位元組（byte）中國大陸稱「字節」，一位元組等於八位元，除了二進位外，尚有八進位、十進位、十六進位等。

註3：娑婆世界（梵文：**Sahā-lokadhātu**，娑婆也譯作索訶、娑河），是指釋迦牟尼佛所教化的三千大千世界（一個大千世界＝十億個星系組成），此世界眾生安忍於十惡解釋，忍受諸煩惱，不肯出離，故名為忍。又意譯作雜惡、雜會、忍土，謂娑婆國土為三惡五趣解釋雜會之所。語出自於《妙法蓮華經文句卷第二下》

註4：劫濁、見濁、煩惱濁、眾生濁、命濁，合稱五濁。

註5：有人稱為極樂世界、恆久喜悅平安之境、天界等等，這裡指的是星光體之境與鏡淨之境的維度，布達賀指的是別滿足於這階段，以為那才是唯一的結果，覺醒是一連串的行為，而不是「停止」。

註6：《時代》（英語：Time，註冊商標為大寫的 TIME），（又譯《時代週刊》、《時代雜誌》等），是一份於一九二三年開始在美國出版的新聞雜誌，已被公認為美國最主要的新聞雜誌之一。

註7：納迪葉是狹長的棕櫚葉，幾千（萬）年前，印度聖哲在棕櫚葉上，以優美的印度古詩刻寫下許多人的前

世今生與來世，以及天文科學、醫療知識與哲學智慧。由解讀師解讀葉面的文字，可以準確無誤地說出一個人的過去、現在和未來。《印度納迪葉 Nadi Leaf》，Keshin 著，商周出版。

註8：這個字在釋迦牟尼與佛教出現之前就存在。最早出現在《梨俱吠陀》中，被拼成 arhattā。之後在佛教與耆那教的文獻中，多次使用這個字，在印度教中的毘濕奴派經典中也曾出現。原始佛教、部派佛教的第四果，是依照佛陀教導解脫道方法實踐有成，進而斷盡其他所有煩惱，脫離生死輪迴之苦而入無餘涅槃界的聖者。

註9：中國大陸稱為數碼科技。

七、靈性覺醒歧路

從人類這個物種出現在地球上開始，「意識」這個現象才開始逐漸被察覺到。在人類進化的過程中，從原先生物性的求取生命安全、三餐溫飽外，精神層面、心理活動、自我價值，乃至存活在世上的目的、為何而生？死後何去？等等疑問逐漸發酵，人類一直試圖探索其中的奧祕。無論它被以宗教、煉金術、巫術、宗教、修行、星象占卜、命理、易經、經典、神祕學、靈修、哲學、心理學、科學等等各種名相定義它，最終都還是指向這個目的——我是誰？

靈魂年齡

在人類有所謂的「文明」開始，已經有漫長五千年以上的時間。但是不可否認的，在這漫長的時間裡，有百分之九十九以上的人，是完全沒有受過教育的「文盲」，沒有得到任何知識可以去理解關於生命的問題，連跟生存問題有關的知識都少得可憐。受教育這件事，真正能普及到大眾，是這將近一百年的事，當然除了因為某種意識型態或戰亂影響的少數幾個地區與國家外。

「我是誰？」的探索，在之前所謂的「成道者」、「聖哲」、「聖者」、「覺醒者」、「智慧者」、「思想家」，他們親身所驗證到這種意識與心理層面的實相，是超越肉體五感和物質性的，當要傳達給百分之九十九以上的「文盲們」知道，那簡直是如登天一般難。

這些智慧者絕非省油的燈，他們就地取材的以當時的生活方式、環境背景、文化習俗等等，做為貼近「文盲們」生活及知識觀點所能理解的譬喻、形容，甚至用「說故事」的方式來表達這些令人感到不可思議的宇宙生命實相。換言之，就像一位成年人在對一群年幼的小朋友們，傳達有關生活中待人接物的禮節、道德、生活規範，還有解答生活中遭遇到的困難與困惑一樣，必須用小朋友能理解的語彙來溝通，才能讓小朋友們聽得懂。可是，當小朋友們逐漸成長，慢慢成年的過程，你還依舊停留在過去他們幼年時期、童年時期的語彙模式傳達嗎？

這就是問題了。

以目前人類受教育的普及性和靈魂意識的進化進度，已經不是停留在過去民智未開的年代。所有的物質文明與知識，人類都懂得要改進與提升，但我們在靈性意識、心靈層次上卻依舊停留在「信仰」、「聽話盲從」的階段，用著過去的舊教材，沒有任何改進提升，符合目前的「靈魂年齡」[1]所能理解的解釋和說明。這就是目前在世界上，宗教的派別、靈修的方法、能量加持、通靈、占卜、靈性圖騰、接高靈訊息、新時代靈性課程、創造豐盛人生課程、光與愛的課程……等，數不盡五花八門的團體和教導，卻沒有因為「量大」，讓擁有覺醒意識的人類也跟著正比的「量多」，反而活在物質生活、身心煎熬、親情與人際關係的失衡裡，這類惡性循環，得到更多的焦慮、困惑、痛苦、迷惘、盲從追隨偶像當中，這情況的人數不減反增外，甚至已經擴及到人類群體裡的各種階層、身分、職業、學歷、人種等領域，隨處可見。

若是這些「智慧者」、「聖者」對於「我是誰？」的探索之路，最終目的是要得到人們崇拜他、盲從追隨他、渴望得到他的神力加持等等的名利跟權力的話，那他就不需要走這條需要撕裂內心幻象、面對內心恐懼、看盡自己不完美的種種經歷的道路。

這條路絕不僅是只有「光和愛」的元素組成的，

這條路絕不是求哪尊神庇佑供養祂得來的，

這條路絕不是拜哪尊菩薩、天使得到祂「黃袍加身」獲得的，

這條路更不是得到哪位高靈神佛「VIP認證」，然後就擁有「快速通關」的尊榮待遇取得的，

這條路更不是靠每天做一些像奴隸取悅主人的工作，然後乞得主人的恩賜與獎賞，

這條路是要經歷破繭而出的陣痛的，

這條路是要經歷浴火鳳凰的傷痛的，

這條路是要經歷冒險犯難的危險的，

這條路是要不斷砍掉重練的毅力的，

這條路是要自我承擔負責的勇氣的。

由此看來，這條路絕非是平坦順暢、毫無障礙、坐享其成的順流之路。

意識覺醒是「狀態」，不是「終點」，更不是「結局」，若不願腳踏實地扎實地去行動，

奢望「一勞永逸」地達到結局，這種「以逸待勞」的念頭本身，就是一種「逃避」的信念。

靈性詐騙

在現實生活中，最容易被「快速致富的詐騙集團」得逞的話術就是：

「你只要掌握到機會，努力三年就可以一輩子不用工作，躺在家裡就有錢賺。」

「你只要投資〇〇金額，每月就有〇％〇元高報酬的獲利，不用二年就可以連本翻倍帶利地拿回來。」

「你要成功，就要跟著成功者的腳步走。」

「你只要掌握這個賺錢的機會加入我們，你就加入了成功者的行列了。」

我們都知道「天下沒有白吃的午餐，沒有不勞而穫的事」，上述的語句結構都在告訴你，你要付出的只是金錢，不需要做「任何事」、「任何學習與努力」，不需「任何的努力和其他的付出，包括時間的投入」，「只要信任公司就可以獲利致富」，甚至這家公司到底確不確定合法？投資與運作模式是否合乎當地法規？都不重要。

你再看看這些說法：

「你只要固定做放生、點燈、行善、布施財物，就能消業力、得福報、獲富貴、賺大錢，甚至來世可以投生富貴家庭。」

「你只要每月捐〇〇功德護法金，就能得到神佛（師父、神職人士）加持，未來就可以得到大功德（上天堂或極樂淨土）。」

「想要開悟覺醒，你只要跟著師父（神職人士、靈修大師）的腳步，你就能開悟覺醒。」

「你只要每天觀想〇〇大師（神、佛、高靈），信任他的威德力，就能得到護佑。」

你看出這兩者有哪裡不同嗎？這兩者的語句模式，都導向了語句背後的心念是什麼？

簡單說，就是「走後門」、「不勞而獲」。該屬於自己的測驗考題，自己不到場應考，卻找槍手代考；跟自己上班不準時到班，請人代為簽到是一樣的道理。會這麼做及被誘惑的心靈原因，就是不夠自信，自卑，自認不足、不夠好，剛好給逃避現實與內心陰影的人一個不勞而獲的「貪念」理由。

最無明的是，這正是三大扭曲印記信念的「罪疚印記信念」，它同時就是所有人生痛苦、煩惱、不幸的根源，它會跟吸食毒品的過程一模一樣，剛開始的時候，表面上像是得到很多「好處」、「富貴」、「福氣」，就像是「吸金集團」在操作的資金流一樣，先回饋高報酬的獲利後，你就會越陷入在「坐享其成」、「不勞而獲」的貪念裡，最後會因此「上癮」而無法自拔。因為，那是源自於外在刺激所得到的歡愉，並非來自內心平安自在而得到的喜悅，最終的結局就是無盡的焦慮、不安和患得患失交織在一起的生活。

這類像是販賣微波食品與速食的團購業者或得來速漢堡店的模式一樣，琳瑯滿目、花樣眾多又廉價的消費品，美其名為「靈性崇高」，事實上是營養價值成分少到微乎其微，只剩高熱量裹腹的內容物。可想而知，這些作為「識食」[2]的來源，你的靈魂「體質」[3]又怎麼會是健康的？

以上都是一種合理化「靈性逃避」和「靈性的物化」的行為模式。

靈性逃避

「靈性逃避」（spiritual bypassing）這一詞，最早是由美國超個人心理學者約翰・威爾伍德（John Welwood）提出的，指的是以靈性觀念掩飾、逃避的防衛機制。有這種傾向的人，通常會採用靈性的語言和概念，「重新架構」個人應該要面對的種種問題，藉此機會掩飾、壓抑和自我防衛。「靈性的物化」（spiritual materialism）這名詞，則是邱揚・創巴仁波切（Chögyam Trungpa Rinpoche）所採用的術語，指的是自我以靈性的外衣包裝自己，但自我本身卻一直沒有改變。

「靈性逃避」、「靈性的物化」、「合理化」等三個名詞的概念，與「量子轉念引導技術」裡的「戰逃機制」都是同義詞，我從常見的靈性覺醒的迷思和謬誤信念來探討：

A、誤把神、佛當成封建易怒的權威者

逃避現實與內心陰影的靈性逃避者，會把自己在生活中遭遇到的這些背叛、挫敗、打擊、創傷、疾病、不幸等變故，歸咎於自己違背了神佛、宗教、靈性大師的「教條」，才會遭遇這種「嚴懲」。必須在祂們面前懺悔改過，並要接受「贖罪」般的要求，取悅祂們，能平息祂們對你犯錯的怒氣，你才能重新獲得祂們的保護。

好像把這個物質世界詮釋成危險的，你想要在這樣充滿著污穢不堪和危險的世間好好生存，就需要有這具有權勢的主人的保護，你的思惟與所做所為只會跟是否冒犯惹怒神佛、靈性大師有關，這危險跟你自己怎麼用思惟創造出來的結果完全無關。你不僅要繳納保護費給主人，還要好好伺候著他，否則就會讓你永無寧日，沒有好日子可過，儼然就像是位黑道大哥般的角色。

所以大多數的靈性大師與神佛，被神聖化的包裝塑造成實為權威者的角色，其追隨他的靈性追求者，自然被塑造成被保護者，保護費被以奉獻、供養、改運、法會、速食智慧的課程與商品等花俏的包裝，彼此就這樣相互依賴地共生在一起。

我簡單地說一個邏輯讓大家來思考。這個宇宙無窮大，包含著無數的銀河系及繁星，地球只不過是數以萬計的星球中的一個，神若是宇宙的主宰，你覺得祂的視野格局會小到只關注一

個小小的地球？而且還只關注到地球上千萬物種中的人類？然後其他都視而不見、視如敝屣？就像一個坐擁金山銀山與奇珍異寶的富翁，難道會去在乎在其中的一顆小小珍珠，然後不在乎其他的金銀珠寶？你覺得這位無所不能、神通廣大的神、佛，祂的格局視野會這麼狹小淺短？

我們把自己塑造成像是一隻被神佛圈養的寵物，然後自己必須對主人搖尾乞憐才能得到生存上的照料，事實上彼此真的是這樣的關係嗎？

我再打個比方。有意識高度的人，對地球上大自然的其他各種物種，就算牠們面臨到某種失衡的情況而造成危機時，你才會給予某層面的協助而已，怎可能會去介入到該族群裡原有的自然生態組織運作呢？比如猴子及猩猩已經是最接近人類的物種，你會去介入牠們的生活圈裡的每個細節嗎？像是猴王為何可以三妻四妾？當強壯的猴子去欺負弱小的猴子時，你會去懲罰那隻欺負弱小的猴子？又或者螞蟻按照它的自然生態法則生活，你會沒事去處罰螞蟻？然後很生氣的告訴猴子和螞蟻「你不聽我的話，已經冒犯到我了，這是我人類對你的懲罰，是你該受的業報」？

到底神佛是豐盛、高度智慧的存在，還是一位利益薰心、唯利是圖、謀奪人類資源、易暴怒的侵略者？我只在過去人類的歷史上看到，只有人類這個物種會為了一己之私，侵略其他人類種族和破壞大自然，以及侵犯到其他物種生存的環境空間。你覺得神佛是大宇宙的創造者，擁有無數無邊無量的時空和資源，那還需要和區區一個地球上的人類競爭生存空間嗎？

B、把靈性修行當成「永恆喜悅無限卡」，將神佛當成發卡的銀行

逃避現實與內心陰影的靈性逃避者，會把源頭、覺醒、佛性、神性的意識場，視為一個永恆賞罰分明的菁英世界，把靈性修行及上靈性課程的次數和頭銜，做為能否合乎成為菁英世界的「財力證明」，把神佛及自稱其體系的把關者，當成能否取得資格的審核者。他根本不會也不想去反思探索自己內心深處陰影的意識觀點，因為那象徵著自己已經入列「不夠好」、「不完美」、「不優秀」、「有污點」、「不配得」的隊伍裡。

靈性逃避者認為，神佛是「完美無缺」、「神聖豐盛」、「無所不能」、「雍容華貴」的存在，因此像是有「潔癖」一樣，不能允許有一絲絲污點在這菁英世界的「神聖領域」裡，所以身為人類的你，要是「犯錯」就是「有污點」了，累積了一定數量的惡積分，就會被「永遠取消資格」。相對的，你若常常祭拜祂、捐獻金錢給祂（燒金紙錢、打金牌、造金身）、做祂心裡喜歡的事、向祂表示你的悔改……等，也會累積善積分。當善積分累積到了核發資格時，你不僅可以成為菁英世界的一份子，還可以擁有像最高等級的信用卡級別，沒有信用額度限制的「永恆喜悅無限卡」，不僅可以獲得「永恆的喜悅」外，還可以得到加值的優惠，優惠內容就是神佛的保佑，讓你在人間如神功護體、刀槍不入、百魔不侵，能暢行無阻、自在遨遊、享盡榮華富貴。

這麼龐大的宇宙，有著數不盡的星系、十一維度時空，充滿著如恆河沙數無可計量的粒子和能量波。難道你真的覺得，神佛面對著這龐大空蕩、單調無奇的宇宙，無聊到只剩下人類可以關注，只剩保佑人類或教訓懲罰人類的事可做，其他都沒有可以引起他關注的事物？這現象是說，神佛的創造力是有限的，宇宙只有人類算是祂唯一創造成功的證明，其他都是失敗且無意義的作品？還是說，祂們的視角太小，所以看不見其他的存在？因此我覺得這樣的訴求，像是把神佛所傳達與指引的訊息解釋成：不是要引導人類發覺自己的本來面目，成為跟祂一樣具有神性或佛性的狀態，而是比較貼近導向考核人類的作為，是否夠不夠成為這些菁英圈裡的資格，確保神佛自己的統治地位和權威。

我相信這絕不是有高度智慧的神佛或者是聖者們真正要傳達的實相內容，這種訴求充滿著「人性」的思惟路徑：「二元對立」，「順我者昌，逆我者亡」。這裡面只看見恐懼，沒有愛的蹤影。我常說：「當恐懼籠罩心頭時，愛就被遮蔽了，有愛的人絕無恐懼。」這絕不是無所不能、充滿慈愛的神佛會有的狀態和行為。

真正神佛或聖者的教導，是要你去探究自己心靈裡的陰影，從陰影裡看見完整的內容，才能看見實相。這些陰影全都源自於你的自我評價和觀點，它們是如何在你靈魂五大課題的體驗中，一步步潛移默化地深植在潛意識裡，逐漸固化成罪疚印記的核心信念[4]，從中去解構這些組成的元素後，讓自己看見完整的實相，智慧也就在這一連串進行中獲得了。而罪疚印記信念就是地獄實體化的意識投射源頭。

任何意識覺醒的聖者或開悟者，都知道逃避心靈陰影、隱藏或拒絕心靈痛苦，就如同讓自己身處地獄般，並會在現實世界裡不斷創造同等真實程度的痛苦遭遇，永無止盡地循環下去。所以智者們絕對不會靈性逃避，會勇於面對自己的陰影，並且深入這「地獄」裡，當未見到這陰影建構成地獄的「空性」時[5]，絕對不敢大言不慚的說自己已經「覺醒」了[6]。智者們都知道這條路不好走，但卻也是唯一走向真正覺醒後，看見一切世間人事物能有喜悅、平安、寧靜、自由心境的道路，這就是智者與愚者走的路完全不同的地方。

C、高維意識體不等於具有高智慧意識

近年來形而上的心靈成長與心靈改革需求逐漸增大，在無法從宗教領域解答許多生命困惑的同時，西方因為新時代思潮（New Age[7]）崛起，為人們指出另一條有別於宗教信仰、靈修教條、物質化追求等這些僵化框架，而追求心靈層面的探索，拋棄人類的負面意識，著眼光、愛的正面意識上，來達到充滿光與愛的「新時代」。這原先是轉變意識角度非常好的工具和途徑，但如果沒有正念、正見、正思惟的核心態度，對於逃避現實與內心陰影的靈性逃避者來說，則給了正當拒絕、壓抑、迴避與仇視心靈陰影的藉口；過度美化了連結高靈、高我、天使等等訊息的行為和境界，就會完全繞過必須「體驗」的經歷，才能發展出「同時擁有正反兩面的完

整自我」的絕佳機會。

別過度盲從於連接高靈、高我、天使等訊息內容的境界，原因在於：自己「意識覺醒的程度」，會決定你所得到訊息的完整度與深度，還有你會連結到的「高維意識的智慧層次」是哪種程度。我在本書第三章裡已經詳述過了。

有的高維意識從沒進入過三維時空的物質世界體驗過，或體驗完成靈魂五大課題，他的意識層次未必是有實質智慧的。好比只在電視、網路或旅遊書籍上，觀看世界各地的景點、人文和美食，從沒親身實地身歷其境，那得到的只能稱為資訊或情報，不能稱之為感受和經驗。

「三維時空」是集體靈魂意識在認識「我是誰？」最重要的「虛擬體驗場」，由長、寬、高構成。古老《易經》八卦中的每一卦也由天、人、地三個爻組成，用來代表整個自然界靜動的所有現象，並延伸到六十四卦來解釋所有自然運行產生的現象。

美國生物化學博士桑德拉・巴雷特（Sondra Barrett，PhD）研究發現，DNA的密碼是由「A.T.C.G」[8]中任取三個鹼基，構成一組「三聯體密碼」（triples）或稱為「密碼子」（codons）做為遺傳密碼，然後會有六十四種組合[9]，而且信念與態度會改變DNA的遺傳密碼。

西元前六世紀，希臘數學家兼哲學家畢達哥拉斯（希臘語：Πυθαγόρας）提出了著名的畢式定理：A平方＋B平方＝C平方，他覺得宇宙中萬事萬物都有「三分結構」，宇宙中的每個問題都可以簡化為三角形和數字三。

世界上許多宗教裡對於數字「三」，也認為是個宇宙密碼，例如：

印度的三相神分別為：梵天（God Brahma）創造萬物、毘濕奴（Vishnu）維護現實、濕婆（Shiva）負責毀滅。世間不能只有更新和不斷生長而沒有破壞，所以，原則上這三個「神」保持一定的平衡。

佛教裡常見的西方三聖指的是：人死後可能前往的西方極樂世界的阿彌陀佛，和他的左脅侍觀世音菩薩、右脅侍大勢至菩薩。娑婆三聖，一般是指在娑婆世界（物質世界）教化眾生的釋迦牟尼佛，和觀世音菩薩、地藏王菩薩。

西方宗教裡的三位一體（拉丁語：Trinitas）：聖父、聖子、聖靈（天主教會譯為聖神，東正教會和新教則譯為聖靈）。三個不同的位格為同一本體、同一本質、同一屬性，是一位上帝。

在目前這三維時空的我們，也是由身、心、靈三位一體組成的，許多現代的預防醫學也開始著手，以整合身心靈的概念做為打造健康人生的核心。相對的，「意識覺醒」這條路，也是要將身（身體與物質世界間的關係）、心（意識、潛意識與情緒間的關係）、靈（靈性意識與集體潛意識間的關係）三者，整合平衡在體驗靈魂五大課題中達成。

沒有體驗過三維世界的多維意識靈魂，雖然視角高於三維世界的人類意識，但不見得已經具有了解實相的覺醒意識。舉個例子，我們跟螞蟻這生物是同處在地球上，但是意識視角感知維度是不同的。人類可以感知到三維立體的空間，螞蟻卻只能感知到前後、左右二維平面的程度而已；螞蟻看不到高低、上下的空間，所以它認不出也無法想像勾勒出人類的模樣，更不要說區別出人不僅只有一位，以及年齡、性別、種族、長相、身高、智慧等等的差異。

不過三維與二維是同時並存在地球上的，假設螞蟻跟人類可以意識上交流，對螞蟻來說，人類就像是它連接到高於它感知維度的「高靈意識」般。但是，人類裡不是每個人的素養、聰明才智、具備的知識及生活素質、智慧都是相同的水平，倘若螞蟻是接到一個愚昧、孤陋寡聞，甚至沒有知識涵養的人的意識，若螞蟻問這樣的一個人有關我們這個地球完整的面貌，你覺得螞蟻它接到回答的「高靈訊息」，會是有智慧與正確完整的嗎？螞蟻自己會知道嗎？判斷得出來嗎？所以，螞蟻自己若不覺醒拉高自己的意識，那它對應到的「高靈意識」，其實也不會有什麼智慧含量。就像你開車在路上行駛時，對於衛星導航所提供的道路訊息，你自己要有檢查、判斷的能力，不能盲目全信，否則就可能造成迷路或其他交通上的危險情況發生。

在佛經裡就有多篇記載到，在悉達多覺醒之後所看見實相的智慧，是包括了所有累世「浸泡」在世間體驗的內容、體驗的目的，並非以「隔岸觀火、事不關己的旁觀者」角色來「瀏覽」三維世界發生的一切。這樣的「經驗」與「心得」是十分寶貴的，足以讓所有各維度的靈魂意識縮短盲目摸索體驗的時間，才被稱為「智慧」，並具有「傳承」的價值。這也就是為何連「天人」也在聽悉達多講課，不僅在人間和其他比丘、聲聞弟子、阿羅漢一起聽講，甚至還被邀請到不同天界（維度）為天人講課，悉達多更因此被稱為「天人師」。

連悉達多在《阿彌陀經》這節課都說，西方極樂世界終究也只是如杜拜與馬爾地夫綜合的靈魂度假勝地，他們只發給往生者的靈魂「觀光簽證」而不是永久居民的綠卡，你終究還是要回來人間補足未完的體驗，如《增一阿含經》說：「諸佛皆出人間，終不在天上成佛也。」

由此證明，三維世界對於要意識覺醒的靈魂是最重要的意識場，沒有在三維世界裡體驗完成靈魂五大課題，是無法成為「覺醒者」的。

很多接到高靈或高我訊息的人，說的頭頭是道，雖然知道卻做不到訊息所說的，甚至是一知半解的。原因就是：光只有觀念，卻沒有路徑去行動，是無法真實驗證與體驗的。就連沒有投生過三維時空的物質世界來體驗過所有五大課題的高靈意識，充其量就只是知識資訊，並無法讓你轉化成為智慧。

結論是，沒有先面對自己過往的痛苦，光要靠接收高頻率意識、天使意識、高靈意識、高我意識，來幫自己創造和顯化人生目標，不僅是是緣木求魚外，不過是比較高明的靈性逃避手段罷了。

D、「欲望是使靈性墮落」的謬論

逃避現實與內心陰影的靈性逃避者會認為，「欲望」是一件既不道德、靈性墮落和不靈性的行為，凡觀只要跟「欲望」沾上邊的，如：金錢、財富、富裕生活、追求卓越、生理需求、親情、愛情、人際關係等等，都可以被冠上「罪業」、「邪惡」、「貪婪」、「自私」、「縱慾」的罪證，並假借「聖潔」、「高尚」、「完美」的靈性之名，毫不留情地對跟「欲望」沾上邊的這些行為，進行「批判」、「攻擊」、「懲罰」的言行，甚至「消滅」。

靈性逃避者對於「擁有金錢」、「創造金錢」的言行批判是最具代表性的，他們會與金錢保持相當大的距離。就如同對待自己的身體也是如法炮製，若不是過度的折磨自己身體，不想讓它過的太舒適；要不就是把需要維持肉體組織運作，或因傷病產生的自然反應，當成是阻止靈性展現的「業障」。他常會假借「靈性」之名，讓自己只願意看精神面，來強調自己的高尚與聖潔，從不願意將靈性與物質面整體綜合起來看待，最常說的語言就是「都是因為○○的業力太重，導致我的靈性被污染而混濁」，這個○○的空格可以是像肉體、金錢、婚姻、親密關係、人與人的關係等等物質世界的生活面，這類觀點和行為的信念核心，就是我所定義的「罪疚印記信念」。

靈性逃避者的潛意識裡不斷灌輸、優化這方面的「罪疚印記信念」，就會升級發展成「靈性傲慢」的態度，這意指著跟財大氣粗的土豪是一樣的心態，急劇的自卑、自我批判與罪疚加總所投射出來的。

靈性傲慢者也可以稱為「靈性魔人」，就像現今社會上常見的正義魔人一樣的作為，沒有任何謙卑、禮節的觀念，對跟自己沒有任何交集和認識的靈性追求者或老師，隨意地在他們的社群網站如Facebook、YouTube、微信、微博等等留言，名為勸導實為侵犯干涉。留言的內容有的像打啞謎般的空泛不知所云，有的像是對待傷害他的仇人般出言不遜，甚至詛咒，最常見到的語言就是：「你要好好修行，別在金錢獲取方面努力。」「靈性課程別收費太高，那是俗世層次低的行為，靈性高的導師不會做這樣的事。」「你收這麼高的學費，未來是有業報的。」

其實這就跟「仇富心理」是一樣的，有豐盛意識的人不會去仇視豐盛的存在，更不會仇視貧困的存在，只有自卑、自我批判、罪疚信念的意識，才會用仇視豐盛來做為投射的目標，因為豐盛像是鏡子一樣，會「比較出」他的不足和差勁。就如同對自己長相不自信與嫌惡的人，是絕不敢照鏡子看自己，是相同的道理；他不僅討厭鏡子，甚至想破壞鏡子，殊不知，破壞鏡子事實上只是自欺而已，還無法欺人。

匱乏貧困的心靈材料是無法創造出豐盛的存在，因為已經「畫地自限」了，那麼就無法使自己能真正體驗、了解「豐盛」這個狀態是什麼；更無法認識自己的意識，真的是自由、無拘無束、無所不能的。這樣的自己是真實的本來面目嗎？是神性嗎？是佛性嗎？若「神性」還有「範圍限制」，就已經不是「無所不能」，「佛性」若還有「困惑」，就不配稱為「佛性」（指覺醒）。

我們就拿西方極樂世界來說，當年悉達多在印度的祇樹給孤獨園（現今印度的塞特馬赫特），對著一千兩百多位願意走向意識覺醒之路的學習者分享，說西方極樂世界是由一位名叫「阿彌陀」的覺醒者創造出來的，這個世界由眾多的材料、元素組成的，如：黃金、白銀、琉璃、水晶、瑪瑙……還有金沙鋪地、七寶池、八功德水、奇妙染色的鳥……等。

這裡哪裡有匱乏、貧困、簡陋的元素存在？為何西方極樂世界不是一片荒蕪、單調、簡陋的元素來形容？因為阿彌陀這位覺者的心靈意識狀態、生命經歷，已經真正的豐盛、富足的，他的意識信念才有能力與條件，創造出這樣的極樂世界，並邀請大家來這裡學習並實際感受他的「豐盛之法」，而非窮困潦倒，然後再回到三維世界去實踐你從他身上傳授的「豐盛之法」。

就像是你想要學習某菜系的料理，特別離鄉背井到某菜系的米其林三星餐廳，實際在餐廳裡跟主廚學習各種料理、擺盤、挑選食材與廚房中各助理廚師的出菜流程。實習一段時間後，自己必須回到家鄉獨當一面，實際將所學運用出來，是一樣的道理。

悉達多在《妙法蓮華經》裡，為了表達覺醒者的意識狀態是一種「豐盛富足」，也就是當時所謂「圓滿」這個形容詞，讓當時的受眾能夠理解，已經不止一次形容自己是富翁、大醫王的角色，就是要表達：覺醒者雖不被窮困的幻象給限制住，但是也不意味著一簞食、一瓢飲才叫意識高尚。重要的是，真正的意識豐盛，就自然會在物質世界創造實質的豐盛生活，同時具有高尚的品格。

請注意，表象上的富有不代表是庸俗的，內心的窮困才是真正的俗氣。很多的有錢人看似

「很有錢」，但其內心是貧困恐懼的；不止在心靈層面，連對自己手上金錢的管理與觀點也是貧困恐懼的。「有錢」不等同於「豐盛」，「豐盛」並非以金錢或物質數量的比較來定義的。

絕大多數靈性逃避的傲慢者，既是心靈恐懼貧困，在實際物質生活上更是匱乏貧困。不過，這種現象也是這地球上絕大多數的人類共有的心靈印記信念與現實生活的狀態，即靈魂五大課題之金錢課題。

意識覺醒者對於金錢本身是感到自在的，但並不等於眷戀貪著於和金錢之間建立深厚執著的關係。他很清楚知道，金錢的獲得並非靠「努力」賺來，是靠專注呈現內心意識狀態、化做語言表達和行動，在物質世界的心口言行如一當中，產生量子共振自然得來的。

我們在求學時代常常會看到，有些功課好、成績優秀的同學，並非天天很努力地挑燈夜讀；可是有絕大多數的比例，成績和學習效果卻比挑燈夜讀、犧牲休閒娛樂的同學好，原因就在他對於「學習」這件事十分專注與投入。

「專注」是「一體」的意識狀態，它代表自己和正在進行的事或行為是親密的連結，沒有距離感和隔閡。「努力」是「分離」的意識狀態，它代表自己和正在進行的事或行為是分處在溝渠的兩岸，這條溝渠象徵著危險、阻礙與傷害。那麼，下意識地會和那件事保持著安全距離，這以分離為核心的意識，只會在現實世界上創造出分離的實相。依照這個法則來看，財富金錢關係、愛情關係、人際關係、健康關係、生活條件等等，都會與自己有如在河道的兩岸一樣，只能遙望而無法到達。

「專注」與「努力」兩者，在表象的行為上看似相同，但是意識狀態與情緒是完全不同的，因此容易造成只看重表象來認定事實的人們，把「欲望」曲解成「貪婪」的同義詞，而不是實現探索自己本質、認識實相自己的動機之源。

當能讓自己採取「專注」的意識狀態，本身天分與天賦就容易地自然甦醒過來，因為它們是需要透過一種由衷地「專注於內心已經明確要探索自己到何種能耐」的意識狀態，你自己也很自然地會在這樣的行動中，發現到自己原有的天分與天賦。在順應天分與天賦的驅動下創造，會容易同頻共振地走向豐盛的方向。這完全跟物質世界上認為的紅海市場或藍海市場無關，也不受市場經濟好壞情況所左右。你若是沒有這樣的意識狀態，那你所有的市場策略，只會離豐盛越來越遠，而且只會跟過勞、辛苦、競爭、起伏不定的不安走在一起。

總之，「欲望」並非一種邪惡或是貪婪的現象，那是靈魂本身想探索自己能耐到哪裡、認識我是誰的動力，它跟「掩飾自己不夠好、不夠完美」的意識是不一樣的。「掩飾自己的不完美」所採取的積極、上進與努力的行動，才會呈現出「邪惡」與「貪婪」的現象。因此，商業行為、藝術創作、企業家、技術工作者，都可以是靈性覺醒者。壓抑欲望並不會使自己的靈性高，反而是走入靈性逃避的道路，只會使自己跟實相脫節成為兩條不同的平行世界。

註1：作者想藉此用人類習慣的語彙來比喻，靈魂也會因為體驗五大課題的過程中成長，就像一個人的肉體、心智會隨著時間和經歷逐漸成長。

註2：識食：悉達多當時也提到心靈也需要「進食」，佛經《教頗勒窶那記經》中說，「頗勒窶那當知，識食能令當來後有生起。」

註3：作者想用身體的體質來形容靈魂意識本身的本質。

註4：罪疚印記與核心信念的關係與形成，請參閱作者的《量子轉念的效應》（商周出版）。

註5：梵語：sūnyatā，是基本佛教術語，指的是無法用名詞去定義某件事真實的模樣，超越名詞狹隘含義的觀點，這心靈狀態超越好壞、幸運與不幸的認識，沒有因二元性的任何一面，來作為情緒上執著的反應條件，稱為空性。

註6：原意取自漢傳佛教四大菩薩之一《大願地藏王菩薩》的弘願『眾生度盡、方證菩提；地獄不空、誓不成佛』，作者想把這段話做另一種角度的隱喻。

註7：是指寶瓶座時代。西方神祕學家認為現在是一個轉型期，人類會從由追求社會的、物質的、科技層面的進步，將演變到注重「心靈」層面的探索，找到超越人種、膚色、民族、國籍以及宗教派別的人類心靈的共通點，認知人類的「同源性」和「平等性」，從而達成「四海一家」與和平的遠景。（取自中華新時代協會官網）

註8：組成去氧核醣核酸（DNA）的鹼基，分別是腺嘌呤（adenine，縮寫A）、胸腺嘧啶（thymine，T）、胞嘧啶（cytosine，C）與鳥嘌呤（guanine，G）。

註9：取自《細胞的靈性療癒：生物化學博士教你的細胞轉化修鍊！【典藏增訂版】》（Secrets of Your

CELLS: Discovering Your Body’s Inner Intelligence）桑德拉·巴雷特（Sondra Barrett，PhD）著，黃漢耀譯，人本自然出版。

八、真正的慈悲與快樂

有一天我起床後，就感覺自己似乎感冒了，流鼻水、喉嚨發炎。我自己很清楚，每當情緒有了較劇烈的波動，心裡有件極不認同卻又不得不去執行的事情時，身體的健康狀況會立即跟隨著反應，除了讓我知道自己內心不僅非常在意這件人事物外，也是在提醒我自己，一直有個偏差的印記信念正在重播循環著。

隨後，我跟雨曇說，能否幫我做一對一量子轉念引導？雨曇說，剛好她自己也有件要釐清的困惑，因此我們彼此交互協助彼此。在這裡只分享關於我個人從被雨曇量子轉念引導中的體悟與修正的信念內容。

慈悲不是用來交換期待的

很多時候，我們會因為旁人對自己目前擁有的身分、職業、職務的期待，或者因為認為自己正走在靈性覺醒的道路上，在遭遇到共同工作圈裡某成員或合作夥伴，有不斷發生相同性質的逾矩行為時，往往覺得，在糾正及寬恕對方的處置後，必須再給予他繼續擔任原先工作的機會，才是符合靈性覺醒後的靈魂本質——「愛」的行為與展現。我後來發現，這反而是相當扭曲偏執的行為。

其實在自己潛意識裡潛藏著的信念，無非想藉此告訴對方的訊息是：

「這次我原諒你，給你機會，不再追究，你可要珍惜我恩賜給你的機會，以後可別再犯同樣的錯誤，別再有不懂得分寸，及不尊重他人權益與立場的舉動，否則你就是對不起我。」用寬宏大量這樣的行為來證明，自己有絕對寬大的胸襟高度和理由，去影響或教化這個人。

當有了「覺得自己可以有能力去影響或改變這個人」的念頭時，就是一種「期望」、「交換等值」的心念了，這樣的心念本質反而是「掌控」。當事實證明，結果與自己的期望值不一致時，就會產生憤怒的情緒，不過這憤怒情緒絕大多數是針對自己，因為會感覺自己被辜負了一片善意，這樣的信念與情緒就會反噬，而令自己受苦。

純粹「寬恕別人」的想法與「藉由寬恕別人，期望得到對方的改變」的意圖，那是兩件不一樣的事。寬恕對方逾矩的行為，不見得要再給予機會，有些逾矩行為若已經是荒腔走板時，還是需要讓對方從「負責」、「承受」自己言行的後果，來自我學習正確的思言行，而非像數學公式般不斷地給機會。這不是真正的「慈悲」與「愛」，這是「縱容」與「礙」；這不是「智慧」，這是「情執」。

我在回溯過往的類似情況中，發覺了自己不斷下意識地用同樣的觀點與心念，造作出同樣的行為，同時也得到同時的結果——受苦。我從中驚覺到，我每每在當時的關鍵點，內心裡往往會有不斷地說話聲，甚至以情緒或感覺來作為提醒我的訊號，但我最後還是選擇了外在的評價觀點，漠視內心裡真實的聲音，結果當然是自食惡果。

就在我正在為自己老是在關鍵時刻，不聽從內在聲音的行為懊悔時，突然又浮現一連串更為宏觀的畫面及內在的聲音。他說：

> 別批判與懊惱自己當下每刻所選擇的行為，別認為這是一項「損失」。因為，任何一個選擇，都會有那個選擇後所延伸的生命藍圖版本，你若不是過往在當下選擇了接二連三你所謂的「錯誤決定」，怎麼會有今天讓雨曇引導發現自己潛藏信念模式的機會？若以你「現在」、「當下」的體悟，是種撥雲見日、心領神會的喜悅，以此來看，這到底算是「損失」？還是「獲得」？

在這個同時，我再次領受到「接納」二字更深更廣的意涵，因為我「真實感受到了」。

所以任何的「選擇」，都會有屬於這件事本性的發展路徑，這完全符合量子的特性。

我和雨曇都是這個技術的受益者，對於布達賀與集體潛意識場，願意選擇由我來傳遞量子轉念引導技術，我由衷地感謝。

無限的愛與感謝；回歸靈性的平安。

想要快樂，不是先去追求快樂，是要先面對痛苦

某日的一早，起床後我就一直在思考一件事：大多數的人，為何喜歡一直沉溺在自己的痛苦裡自虐？

怎麼說呢？

前幾天，我在 Facebook 看到某位朋友，一直在這段待業時間裡焦慮不安，也知道這是自己的選擇怨不了他人，但心中的不安與無奈之情，卻在字裡行間表露無遺。

我無法知道，他到底花了多少努力在修正自己潛意識裡的印記？知道他有共同學習過心靈課程的同學可以相互協助，順便又可以練習所學，如果不主動去找，那就會維持在這種不安的原狀。

我們都知道「相由心生」這句話的涵義，這個「相」不單是指「面相」（顏值、表情），還有呈現在自己生活周遭的現象反應，這全都跟自己內心深處的「情緒」、「價值觀」、「生活觀」、「思想迴路」、「心態」是串連在一起的。

求職者的學歷、經歷資料是二維世界的、平面的，一般公司為何還要有一個面試過程？因為面試是能直接看見求職者的「表情、語氣、情緒、價值觀、生活觀、思想迴路、心態」的狀態，這是三維世界、立體的。

很多時候求職者會遭受不被錄取的結果，並非光是自己這些二維的平面條件不夠，而是自己的三維世界給面試者呈現哪些內容？如果從求職者的表情、語氣、價值觀中，就令人感到「難搞」、「陰沉」、「孤僻」、「怪裡怪氣」的，除非你的二維平面條件實在好到令這家公司願意忍受你，否則公司應該是不會自找麻煩的錄用你。

而三維世界的條件，全都是潛意識裡的「三大扭曲的印記信念模式」造就的。

坦白說，宇宙的靈性本源是很公平與慈悲的，他關了一扇門，就會開了一扇窗。現在的待業時間，看似關了一扇門，但也開了一扇窗，這窗不是要你在家做白日夢，只期待著「奇蹟」發生，而自己所想、所做的都跟促成「奇蹟」的事毫無關係。這也是很多人把靈修、信教、拜大師、靈性成長的作為當成中樂透大獎的心態的原因。

打個比方說：很多人知道自己的身體健康狀況不如以往，抽菸喝酒只會令身體健康逐漸更惡化，卻依舊不停地喝酒跟抽菸。

很多人想要減肥使自己的身體健康或體態好些，卻又放縱自己每天食用熱量超標的零食，或油膩、高油、高鹽、高糖的食物和飲料。

很多人想要能有放鬆休息的時間和假期，卻又在工作勞累五天後的週末在夜店、酒吧、KTV耗盡體力狂歡，整個假期並非放鬆休息，而是如死屍般地昏睡。

就像電影《少女時代》裡的學生時代，夢想著當哪個偶像明星的太太，還自稱是某某太太，這麼做，未來就真的會嫁給那個明星了嗎？

我接觸過大部分因為生活中已經遭遇瓶頸，產生內心焦慮、前來求助於我的人，在和對方交談中，共同都會提到諸如此類的遭遇：自己因為感情、親情、人際、金錢、工作……等發生挫敗，令他感到非常難受想哭、痛心疾首、煩惱痛苦，然後希望我有方法可以協助他解決，或避免未來再發生同樣的傷害。

當我提供了我自己經過十五年的實證累積整理出來的「量子轉念引導技術」（它是一項可以協助你面對自己內心，找到真相回歸內心自由的工具）時，大多數人第一個反應卻是以下的回答：

「我能不能不要面對自己的內心和過去，就可以解決這些事？」

「能不能叫那個讓我煩惱痛苦、要離我而去、不聽不理、要跟我分手的那位我的誰（指的是讓自己煩惱、不順己意的那個人，對象分別是伴侶、父母、好友、孩子、情侶），來引導面對或上課，他就會改變心意了？」

「我還沒做好心理準備，等我準備好了再面對，可不可以？」

「我覺得我知道自己問題出在哪，我靠自己覺察就好了！」

「我的時間和金錢不夠，等我有時間、有錢了，我就來學習或被一對一引導。」

「我最近很忙沒時間，等下回老師你來的時候，我再來學習或被一對一引導。」

在我寫完上面文字的同時，我也明白了。他們明明都已經身陷痛苦中，主動開口尋求我的協助，當我應允提供協助的方法和意願時，為何還會有這些藉口的反應？彷彿那些事像是沒發生在自己身上似的。讓我明白到一個真相，答案是，我內在有個給我的訊息：「他們害怕自己不夠好。」

原本知道並接納自己不夠好的事實，是可以協助自己擺脫錯誤信念所反撲給自己的痛苦，是使自己走向正確、平安、自在、自信、喜悅道路的指引。但是，對於「自己不夠好」的觀點，若是以偏概全、斷章取義來理解它的話，就會變成自己恐懼自己的「魔戒」，一旦套上了手指，就捨不得拿下來了。

總而言之，大部分的人都想要努力再努力的用「更好更優秀的自己」來取代「不夠好和差勁的自己」，甚至把「不夠好和差勁的自己」藏起來。要藏在哪裡才不會被人發現？當然是藏在潛意識裡，連自己的意識都騙過去了，就不會被發現了。當然，也逐漸麻木自己忍受當下正處痛苦的進行式中。

所以，幾乎每個人都在玩這樣的遊戲，樂在其中。痛苦的表情與情緒，只是這些玩家用來塑造自己是受害者的角色，來遮蓋那個「不夠好的自己」的裝飾品，就像聖誕樹上琳瑯滿目亮晶晶的裝飾。因此，怎麼可能會願意把它拆下來呢？

我的困惑也因此解開了。

因為，我早已經接受了「不夠好及不夠厲害的自己了」。

小結：欲蓋彌彰，反而只會令人更好奇，把焦點放在這些裝飾品背後裡的聖誕樹，到底真相是什麼模樣。就像歌唱節目裡的「蒙面歌手」一樣，越令人想探索與挖掘面具下的真面目是誰？這個「不夠好的自己」，還是會逐漸被暴露出來的。差別是，那會令自己失去更多人事物，來提醒自己藏起來的那個「不夠好的自己」。

無限的愛與感謝；回歸靈性的平安。

九、為何祈禱無效？

二〇一七年的年末時，我想很多人在回顧過去一年內發生在自己身上的事，大都是以自省為多。這是一種反思的行為，有助於自己言行與思惟的修正。

不過若這個「修正言行」的心念裡，深藏的軸心是「用遭遇眾多的痛苦來換得一整年的幸福」或「期待得到不勞而獲的幸福」，你的「祈禱」內容雖然是平安、喜悅、幸運、健康、財運亨通、愛，那麼在本質上，未來的一年是不可能跟舊的一年有何差別。硬要說有差別的話，那只有是朝向更焦慮、失望、痛苦、不知所措、悲傷等煩惱的現象去創造。

信念創造實相

這結果真令人感到不可思議，對吧？那為什麼會這樣？

答案是：因為「信念創造實相」。

你的信念裡不是「純淨地」豐盛、正向、平安的內容與情緒，你只是「想要藉祈福來逃離痛苦」，並非「想要了解痛苦的真相」，所以你的信念加上恐懼情緒的催化作用下，使自己根深蒂固的堅信：我是倒楣的、可憐的、無辜的受害者。

這就是你的新年祈禱不會如願以償的原因。就算你到最靈驗、法力最高的寺廟裡參拜，也是得到一樣的結果。（不過從另一個角度來說，從受害者心念軸心為基底來看，你的確如願以償了。）

讀文至此，不免讓人想問：那要怎麼做才能改變呢？

每個人都知道的一個簡潔有力的答案：改變潛意識的信念，改變自己的意識狀態。

說的雖然簡單，卻知易行難。

「難」在哪裡？

我藉悉達多當年分享的八種情況來說明。這八種情況導致一個人為何是難以落實修正信念，就算已經有智慧覺醒者正在分享改變扭曲生命實相的智慧與方法，要做到修正信念，卻依舊還是很困難的原因。

前面四種是最貼近大多數人的生活狀況，我用現代人容易理解的說法簡單說，依序就是當一個人的生活現況：

1時時刻刻處在情緒的焦慮、不安、害怕、擔心，意識隨時處於痛苦、煩惱、嫉妒、憤怒當中，受困其中不願試圖走出來。

2連讓自己三餐溫飽的基本生存能力都沒有，每天只能擔心自己的下一餐飯在哪裡？是否能活下去？

3每天都在專注想著：要如何才能得到更多的物質生活、名聲、別人的高評價，還有成就、愛、關懷、重視，以現在的語言來說就是「存在感」。

4 物質生活過得太優渥，每天除了炫富的行為外，沒有什麼精神上與心靈上的充實。

後面四種就屬於意識偏差及扭曲信念的層面造成的，依序是：

5 遠離擁有正確信念的人事物，堅信唯物主義，認為心靈與精神層面的探索是空泛不實，並常鄙視、詆毀智慧者及追求智慧的人或行為。做什麼事只要自己喜歡，沒什麼不可以，縱慾無度，從中造成旁人許多的傷害，卻不以為意。

6 因為身體健康狀況不佳，可以說是身患重症疾病者、肢體殘缺行動障礙者，因此意識薄弱，沒能分辨出對自己有益或無益的課程，又或者是信仰及宗教團體的能力。

7 雖然身體健康，但是意識裡卻充滿了對生命、人與人、人與萬物、人與自然等之間的關係，有著扭曲錯亂偏差的觀點，甚至宣說：不要去幫助需要受協助的人，這世上沒有因果效應，沒有來世，沒有可以自證心靈自由意識覺醒的人。

8 最後是，有人身體健康，智力與理解力也都很高，聽到如何意識覺醒的理論與方法都能理解，有著正確的觀點與正確的觀察。但是呢，活在世上的這個時候，這位知曉意識覺醒法的教導者，卻早已經不在人世了。

這「八難」，其實是難在自己的意願狀態。除了最後的一項外，如果你能先克服這些「難」，基本上就有機會改變自己的意識了。

心靈需要「進食」

接著，逐漸減少觀看新聞報導與網路訊息的時間，逐漸讓自己的意識與心能夠減少負擔。現在絕大多數的新聞媒體與網路訊息，只是為了自身生存下去，所創造的加工添加物，已經失去傳播真相的核心價值了。這就像為了生計而製造的食品，充滿了誘人的口味與香氣，可是絕大多數都只剩下添加物，而失去了食物本身的養分，吃多了是要賠上身體的健康的。

然後要逐漸給自己的心靈餵食營養的糧食。所謂營養的心靈糧食指的是：開啟心靈視野、啟發心靈智慧、解脫心靈束縛、重返心靈自由、認清自我本質等等，與這些有關的知識、智慧、方法。可以是書籍、文章、講座、活動、課程。惟獨那些神神叨叨、迷信盲從、外求庇佑的課程、團體、方法除外。

身體與心靈兩者都需要給予「有營養」的糧食，而不單是給「沒營養，只有熱量的食物」。「操心」就是一種「煩惱」的體現，簡單說，就是理智與情緒已經被綁架了，也就是心靈是「飢餓」的。

悉達多當時也提到，心靈也需要「進食」，佛經《教頗勒窶那記經》中說：「頗勒窶那當知，識食能令當來後有生起。」這裡「識食」的意思就是指，需要給自己心靈餵養精神糧食，可以滋養形成未來的身心組合。

還有一個很重要的關鍵，就是培養或戮力「面對自己內心所累積罪疚信念的能力」。這行為是「看清煩惱來源及自己是如何建構起這個煩惱」的入門，接著才能更有力量再繼續探究「瓦解建構煩惱的技術方法、落實意識覺醒的生活之道」。

當潛意識裡扭曲事實的三大扭曲印記（創傷情緒、移情、罪疚）所建構出來的核心信念，影響你意識的力量逐漸減弱時，內心的自由、平靜與豐盛，就會自發性地油然而生。在這樣的意識狀態下，你所祈禱的內容，才能被存進「集體潛意識場」這個建構物質宇宙的大雲端空間裡。當你在現實生活裡出現了相對應的條件時，將會反射回饋到你所處的現實世界裡。

總之，減少觀看無謂的訊息，多閱讀及受教啟發自己智慧的書籍、文章、活動與課程，並且著手行動與轉變信念、意識覺醒有關的行為。尤其「受教」與「行動」，是像麻花繩一樣交織在一起，相互進行才會有力量。

那麼，我只要「心存感恩」過去的萬事萬物，是否就可以讓新的一年朝向豐盛、平安的路徑前進？

這得要看情況。判斷的依據很簡單，端看做這件事的心念理由是指向何處？與前面說的「反省」、「修正」行為背後的理由來決定潛意識路徑的規則是相同的，不是以表層意識想法內容來決定。

二〇一八年，阿拉伯數字8等於是∞，是「無限」的符號，這個「無限」象徵這一年會有「無限可能」的一年。請注意，凡事是一體兩面的，「無限可能」本身就是代表著「變」，就是「可變性」。它可以是「無限可能的好、豐盛與自由」，但也可以是「無限可能的糟、匱乏與束縛」，至於自己是朝向哪個意識信念路徑，前面已經說過了。當然，這也不僅於在二〇一八年這一年才適用於這規則，「意識」不限於「時空」的約束，只要你是以覺醒意識的高維度做為看待人生的基準，自然就會行走在自在喜悅的生命道路上。

十、剎那即永恆

從誕生到這個世界上，我們就開始有了肉體生命。身上的五感所接觸的任何「物質」，摸起來是那麼地真實及固若金湯，包括連我們自己的身體也是如此。但物理學家證實，看似這麼「堅實」的物質，它的本質為何卻是空無一物？

你分秒都在創造著屬於自己的永恆

原子空間裡充滿了力量很強大的電磁力，我們「摸到的」是電磁力的反抗作用力，不是物體的本體。換句話說，我們也沒有「真正的摸到」物質，因為我們只不過透過自身原子空間的電磁力，接觸到另一個物質原子空間的電磁力所產生的震波回饋後，解讀我們自己接收到這個回饋的能量（資訊）後的反應而已。

物質世界是由一點一點不連續的象素粒子組成的，它不是連續平滑的空間，是一種投影，一種解析度相當高的影像畫面，跟我們現在所看見的4K畫質影像、數位相機或攝影機拍攝後的影象一樣的情況。影象的成象解析度，也正是由許多不同象素粒子一點一點組成的，象素粒子越多，畫質成像越清晰真實，讓我們以為是平滑連續、毫無縫隙的影象。

所有的物質（意指包括物質在微觀之下建構的基礎，電子、中子及質子在內）都同時具有兩個身分：既是看得見的粒子，又是看不見的能量形式的波。一個是看得見的物質世界，一個是看不見的能量形式的空間。而「意識」能使電子接收到它的「意圖」，來改變自己由無形的能量「變身」為有形的粒子。

愛因斯坦的質能方程式 $E=mc^2$，E 能量等於 m 質量（物質）乘以 c^2 光速平方，正是證明質能可以相互轉換和相互取代的。有形的物質就是無形的能量，電子是粒子又是波，同一個東西有兩種內外表述，所有看得見的物質，都由一種看不見的內在能量形式所組成，而且能量是守恆的。物質會被產生及被消滅，能量卻不會，它只是會轉換成不同的形式，因此「肉體（物質）的本質是靈魂意識（能量），靈魂意識的載體是肉體」就不難理解了。

所有各維度的靈魂意識，和自己所有體驗中或體驗後的紀錄，不論是已經轉念覺醒後看見實相的智慧觀點，或者是還沒完成轉念的三大扭曲印記與核心信念，全都是「資訊」，全都是「意識」，全都以「二維資訊碼的能量形式」儲存在多維度空間的大數據庫裡（即量子場或集體潛意識場）。

三維時空的物質世界只是「多維度空間」的「二維資訊碼」，透過靈魂意識的需要與意圖，投影到物質世界的一幅「三維時空全息圖」，身體與大腦只是接收顯象的螢幕。《易經》的陰爻與陽爻，老子所說的一陰一陽之謂道，位元的〇與一，粒子的自旋及反自旋，波粒二象性，這都相似於「二維資訊碼」的編碼模式，並且會配合觀察者意識狀態來造景。

物理學家約翰・惠勒（John Archibald Wheeler）說：「萬物源自位元（Bit）。」任何事物的任何粒子及任何的場域，甚至時空連續本身，都是源自資訊位元。「量子轉念引導技術」的「回溯」引導，就是引導一個人從自己的潛意識中，讀取自己靈魂意識的資訊位元，這些內容包括體驗五大課題相關的前世記憶、今生的子宮期記憶（胎內記憶）、今生原生家庭的影響（內在小孩）、今生成長的生命歷程裡，所有創傷情緒、移情、罪疚印記組成核心信念的過程，與建構信念最強的威力點，然後引導他自己重組意識內容，就能改變信念觀點。相當於資訊內容改變了，業力模式就共時性的改變了。這樣的理論邏輯是成立的，完全符合量子物理所證明的量子特性，這就是「量子轉念」了。

英國物理學家與宇宙學家史蒂芬・霍金（Stephen William Hawking）說：宇宙數據庫裡的二維資訊碼（意識資訊）是永遠不會消失的。簡單說：當一個物體進入到黑洞時，物體（投影的三維實體）本身的型態會被摧毀，但組成這物體的二維資訊碼，卻還是毫髮無傷地存在著，並散落在黑洞的四周。這個證明等於是說：我們現在這個肉體（投影的三維）死亡後（被摧毀），靈魂意識（二維資訊碼）還是繼續毫髮無傷地存在著，以能量守恆定律的規則，儲存在宇宙數據庫裡（量子場，集體潛意識場）。所以你（指靈魂意識型態存在的你）是永恆不滅的，並沒有真正的「死亡」、「消失」或是「生命的終點」。

目前你的每分每秒所看見的現實世界，都是你每分每秒的心念，經由集體潛意識場的意識資訊所創造的。也就是意識創造了「你所見到」的宇宙，而且這些瞬間念頭所產生的物質世界都不會「真正的消失」；就算這個「物質世界」毀滅了，它依舊以能量的形式儲存在集體潛意識場裡。也就是說，有物質肉體的你不會「真正的死亡」，這個物質世界也不會有「真正的世界末日」，這些能量就是靈魂意識產生萬事萬物的意識資訊位元。

悉達多在當年有無數次以各種比喻與說法，對向自己求教與學習如何覺醒的眾多學習者，道出了這個真相，例如：萬般（物質）帶不走，只有業（能量、資訊、印記）隨身。你一直是不生不滅、不垢不淨、不增不減。

換言之，有形的物質世界只是意識的投影，你現實人生的遭遇也是你意識下的產物。現實人生只是一種「回應體驗」的過程，在面對及解決靈魂五大課題所遭遇的新問題後，會創造出一種新的意識資訊，這新的意識資訊會以影象畫面的形式，回存到集體潛意識場裡；這些資訊就成為類似「檔案」的模式存在，做為自己與其他靈魂意識未來回應所體驗的五大課題，還有編寫下世靈魂旅程、生命藍圖計畫等之主要決策的參考依據。

因為影象畫面是一組二維資訊碼排列組成，這些影象畫面的內容，雖然有時間的元素，但是本身是沒有時間性，只有連續串聯的關係。當把影象畫面串聯並連續播放時，才會讓你有「時間」的錯覺。當你從過去的某個影象畫面開始連續播放時，就會產生你過去的某段回憶。「量子轉念引導技術」所運用到的回溯法，引導到過去某個事件時，個案剛開始都是會先在腦海浮現一個片段的「靜止」影象或畫面，當運用了技術裡的眾多技巧來引導個案，影象畫面裡就開始有時間移動的連續性感覺，畫面裡的地點、內容與結果，也會藉此逐漸地像「播放影片」般的展現。個案回溯過往記憶的反應，就是證明了依據這原理。

用這個法則來看自己目前現實的人生，我們是添加了哪些元素在意識裡，然後如何一步步塑造出自己想要創造的世界？

真正的選擇權

「情緒」、「感受」就是要求潛意識，將實相或幻象的印記及核心信念「變成事實」的命令。我們可以允許自己擁有快樂的情緒，卻要拒絕自己有負面情緒的事實。這就像只要「陽」不要「陰」，只要「白天」不要「黑夜」，只要「生」不要「死」是一樣的，那是「違背自然實相」，是失衡的。

「情緒」這件事就如同宇宙誕生一樣，都是源自於意識的「創造」。

內心會湧現負面的情緒是自然法則，無論正向和負向情緒，都離不開你的想法，因為那都是你的意識內容與需求觀點所創造出來的產物。拋開負面情緒並不能夠「離開你的想法」，只有從負面情緒裡面深入探索，才能夠去觀照到想法的內容是什麼？

在「想法」裡找到「實相」，「實相」會協助我們改變「觀點」，想法就會跟隨著改變，自然就能夠轉換情緒。拒絕去「接觸」與「承認」負面情緒，就等於「拒絕自己看見實相」與那個「為何要？」的創造內容。

否認負面情緒的「正面情緒」是壓抑、偽裝的自己，這是「靈性逃避」，絕不會真正活在「完整實相裡」。就像許多追求解脫生命痛苦、心靈覺醒的人與老師，對於意識覺醒、開悟的了解是：不願就自己意識裡「如何將觀點組成的信念好好攤開來弄清楚」，只願意沉醉在想像的光與愛，或者盲目追求速食的神祕力量（接收能量、冥想、星象占卜、祈禱儀式、超自然力），來麻木止痛意識帶來的苦難，就認為自己覺醒了、開悟了，活在擁有永恆的狂喜、愛和平靜裡。

就如《星際大戰八部曲：最後的絕地武士》（Star Wars Episode VIII: The Last Jedi）裡的這段對話一樣，芮對於「原力」的了解是：「它是絕地武士擁有的能力，讓他們能掌控別人，使東西飄浮起來。」而絕地大師路克天行者卻回答她說：「了不起，但沒有一個字是對的。原力不是你所擁有的力量，不是把石頭抬起來，而是萬物之間的能量，一種張力，一種平衡，將宇宙凝聚在一起。」

同樣的，我想告訴你的是：「那些速食的覺醒之道與對覺醒的定義，了不起，但沒有一個字是對的。」真正的「覺醒」不是一種超能力，可以神奇地為自己帶來豪宅名車與非凡的財富，如巨星般深受眾人擁戴，擁有如帝王般的高貴生活。「覺醒」就僅是深入生活之間體驗各種喜怒哀樂悲憂苦的觀點、感受，能在其中從二元對立的張力裡，看見並感受到「平衡」。這「平衡」

並不是「勢均力敵」或彼此是五五平均分帳，而是如「水」一樣的特質，既能滴水穿石，也能包容於萬物一樣，將有形物質生命的生活體驗和無形意識的觀點凝聚在一起。

其實，連所謂的「正向情緒」也要如此去「全息地」進行「覺察、探索、實證」三步驟，才能真正看見實際的真相。覺察的重點不在於：評價表象上的「正向情緒」或「負向情緒」對自己而言是好還是壞？正確或是錯誤？而在於：這情緒背後指向的意識內容是什麼？

只要是偏差扭曲實相的變形意識下為基礎的觀點，連看似「正向情緒」的想法，也會變成是綑綁自己的蛇腹型鐵絲網，讓自己身心受到巨大傷害，並不會為自己的心靈帶來真正的平安與自由。

「正向情緒」或「負向情緒」都代表著自己的「創造力」，否認自己有「負向情緒」的產生，等於否認「自己」及「自己的創造力」。否認「負向情緒」的存在性，就好比否認，讀書後不需要考試來幫助自己認識到底真正「理解」多少所學之事一樣。你絕不可能只看書、現場或影片教學示範如何游泳後，不需下水體驗就說自己「已經學會了游泳」。

既然你有「能力」創造出這麼多痛苦、挑戰、挫折、匱乏給自己，那為何就不能創造出喜悅、自由、平安、豐盛給自己？這兩個路徑都是「創造」。若是存有偏差扭曲變形的意識形態，你自以為的「正向情緒」，其實都還是朝向痛苦、挑戰、挫折、匱乏的路徑上一路狂飆。

因此你需要的是：不單僅是明白「正向情緒」的創造法則，還要決心朝「負向情緒」深入了解，從中了解它的「創造法則」，並且親手實證及修正偏差扭曲變形的意識形態，你才有「真正的選擇權」，創造屬於自己的喜悅、自由、平安、豐盛的覺醒生活。

對於尼爾斯・波爾（Niels Bohr）提出的「概率波」論點，他認為，一個粒子在你「準備測量或觀察前」，它的特徵是充滿不確定性的，直到你觀察它的那一瞬間，才會找到它的位置，證實了隨機與不確定性（各種可能性）。可是愛因斯坦一直認為，上帝是不擲骰子的；但是史蒂芬・霍金實證後卻說，上帝不但擲骰子，祂還把骰子擲到我們看不到的地方去。

這些證明正毫無含糊和明確地告訴我們：你的意識內容決定你的意識觀察焦點，你的意識觀察焦點，決定了你所呈現、所出現及所創造的世界，而且「時空」對意識毫無約束力。也就是說，你今生所發生的任何事，所遭遇的任何事，包括每一次要轉世的生命藍圖及執行藍圖的地點、身分、性別和時間，每一世肉體死亡的方式、死後的存在狀態與維度等內容，全都根據你的「意識」來決定。

這個物質世界是一場由意識投影的夢境，當你一直被動地活在夢中，相信夢中發生的一切與自己的意識創造無關，就會讓自己的靈魂意識一直相信這樣的狀態，造就了自己所認為的「實境」。這樣的「實相」認定，會隨著你肉身結束所有的功能與旅程後，依舊延續下去；然後在這宇宙裡創建一個「夢場」，為這場夢繼續付出行動，活在自己的意識維度裡。直到願意醒來為止，你才能有更多維的全息意識看見生命真相，此時，你的心才能夠完全的平安了。

跋

「意識是披露所有物質現實的核心。」

——哈佛神經外科醫生，伊本亞歷山大博士（Dr. Eben Alexander）

寫這本書比起上一本《量子轉念的效應》時，要感到困難了許多，因為有太多超乎三維物質世界習慣的表達方式。每次從集體潛意識場中獲得的靈感，都是一組龐大訊息量的訊息組。我知道整組訊息裡的所有內容，但要轉變成以二維線性的文章方式「寫出來」，真的很不容易。就像是我看到了巴黎艾菲爾鐵塔與周邊環境的整體景象，但是要透過我的言語、文字或者畫圖方式，把「整個」完整的景象呈現給「從沒見過」的人，讓他盡可能能看見我所看見的，聽懂我所看見的，是需要用「時間」與「因果排列」去勾勒出來，否則會很難明白。這就是撰寫這本書較為困難的地方，從開始書寫打字到完成，花了我至少半年的時間。

這段書寫的時間我很難入睡，也很難真正地休息，因為心裡時常有個聲音在督促我，要盡快完成這本書的內容。我並不是被這內在的聲音強迫，應該用「使命感」來形容這個催促會比較貼近我實際的狀態。

但老實說，的確真的不好寫，當在接收布達賀的訊息時，裡面的內容我是完全懂的，但若是按照訊息的內容直接以文字方式表達，對於絕大多數閱讀的人，會感到過於空泛與不著邊際。並非訊息在唱高調，而是有限的文字義，很難完整無誤地描述出非常簡潔的實相智慧。我不想讓這些高含金量的智慧訊息，變成好像只有「特殊體質」、「神的僕人」、「靈媒」、「通靈者」、「帶天命」的特殊人士的專屬，其餘的一般人只能以「仰望」、「乞求」、「被恩賜」的角色才能被分配得到。

我想創造一個像是「階梯」的形式，讓我們跟這些集體潛意識場智慧訊息，是同處在一個時空，像是親自一步步踩著階梯往上走，像獲取知識一樣地可以觸摸、理解、消化它們。所以很多時候的對話內容，我都需要暫時停下訊息的寫作進度，去找到對應高維智慧訊息的量子理論，還有我過去親自實際實施「量子轉念引導技術」的個案對話紀錄，來輔佐閱讀者對我所接收到高維智慧訊息的理解。

所有的能量都能根據我們的思想去改變它的特性，思想會改變影響能量，思想是意識的化身，目前的遭遇是自己思想的總和創造。其中的想法有些記得，有些不記得。但是不記得不代表它不存在於潛意識裡，就像你忘記了過去某個時期的人事物，並不代表他們目前沒有存在於這世上或停止活動了。

實境秀的攝影棚裡是我們表演的舞台，每個人在這個搭好景的棚內的戲份都不同，現場也有親臨參與的觀眾。戲服就像是我們的肉身，你會依需要更換。當有人提早下戲，會在後台聚集，沒人希望在棚內中的你，因為他的下戲而憂傷煩惱，在台上不知所措。後台就是靈魂真正的家，真正的實相。只有當你開始勇敢地往內心看，並試圖與看不見的世界連結時，你才能開始理解靈魂的真實樣貌。

我在這十五年來意識覺醒的實修，與實際從事一對一個案引導的歷練中發現，「勸導一個人」的方式，效果是非常低的，因為「道理」和「事實」與自身潛意識裡儲存的印記信念，帶給自己的經驗認知是完全不吻合的，若想要掙脫印記信念的束縛，那就涉及到「勇氣」了。可是在過去的教育結構裡，無論是家庭、學校與社會的真實情況是：展現「勇氣」所帶來的後果，不是被逞罰就是被群體排擠和攻擊，以至於寧可讓自己繼續過著被印記信念囚禁的日子，至少那是自己「熟悉的痛苦」，相較於改變後的「未知陌生」的不安感，反倒感到安全多了。

在二〇一三年五月，我從幻相意識的牢籠中覺醒過來後，八月便創辦了以「看清自身痛苦的幻相，取回內在覺醒的力量」的「量子轉念引導技術」，它是一項整合性的潛意識引導技術，目的就是在打破五感過濾後建構的實相。

「量子轉念引導技術」是協助你解脫意識幻象遊戲的工具，不是替你解決你該面對的人生問題。

「量子轉念引導技術」的核心作法：讓個案從回溯發生在自己身上的事件，成為自己人生經歷的「觀察者」，發覺自己正在用哪些信念系統「創造」出這一連串「相似」、「重播」的人生遭遇（改變果報或業報、受神懲罰及業報的觀點）。接著從「印記信念脈絡」的時間軸線，找到建構成信念的「威力點」，對比原先記憶中的事實，重新自我評價與共時性的改變信念結構，這就等於重置了潛意識裡的信念系統，再度拿回自己的創造力量，就可以有意識的選擇要創造何種人生實相給自己了。

「量子轉念引導技術」最大的價值之一就是：它能幫助人們轉變信念，性格、視野、情緒反應模式、身體健康等各層關係，當它們跟著信念轉變時，生命的體驗也會跟著不同。改變今生的信念、改變過去的信念，也會同時改變未來的信念。

當然也可能溯及到前世記憶，當會執著在前世的身分與遭遇的狀況，就如同會執著在今生過去遭遇的創傷經歷是一樣的模式，我們都會因為創傷情緒印記、移情印記、罪疚印記形成心靈的陰影，並且也會執著認定那產生陰影的事實。有趣的是，我們也會慣性的「迴避」當時所發生的那些心靈陰影的內容，不願承認自己在當時也有「不夠好」、「能力有限」、「我很糟糕」、「我沒價值」等等自我批判的經歷。所以很多透過前世回溯憶起前世記憶的個案，就只想讓自己憶起當時「有價值」、「完美」的那個身分及作為，並只願意停留在那個讓他感到「自己有價值」的部分；一方面迴避當時，同時也可以做為今生「自我慰藉」的目的，迴避今生該面對的問題，這也是前面章節所說的「靈性逃避」。

倘若一位引導心靈回溯技術的專業人士，不明白這個心靈運作的機制，而僅是如「瀏覽」一樣描述所經歷的流程，並沒有深入那些陰影內容，並找到「分辨出錯誤的信念認識結構」與「正確的信念認知結構」，他是不可能藉由這個「心靈陰影」成為走到「意識覺醒」的跳板，這樣的前世記憶回溯的行為，就真的毫無意義可言。這樣的規則同樣適用在只著眼處理今生各種心理諮詢的方法。

前世個案的執著和前世心靈陰影化解若是不重要的話，那就是用「時空」來做為自我靈性逃避的擋箭牌。我並非只強調，任何心靈陰影所造成目前的生命問題原因都出在「前世」，而是原因都出在「過去」。只不過因為要尋找「轉念威力點」的回溯中，發現它存在於過去某段時空的前世經歷裡，才需回溯至前世的時間點，並非所有人生目前遭遇未解的挫敗、失落、背叛，都是因為「前世因，今生果」所造成的。

「過去」跟「當下」是同樣的真實，因為那都是每個「當下」的連續串聯，產生有「過去」與「現在」的時間差別。所以，除非你改變了過去的那些「當下」，否則你將失去眼前現在的「當下」。

我在過去的學習中已經對「一對多集體回溯引導」的技術和技巧十分熟捻了，在研創「量子轉念引導技術」後，從量子力學之父馬克斯・普朗克（Max Planck）的「萬物皆是振動能量」，以及尼爾斯・波爾（Niels Bohr）說對立即互補的「互補原理」（波爾還將它設計在自己的紋章上，圖3），和分析心理學創始者卡爾・榮格（C.G.Jung）的「共時性」、「集體潛意識」中，將原先的技術，利用威力點轉念之槓桿理論的獨特點，與量子糾纏（觀察者效應）的共振效應（集體觀察者效應和互補原理）整合起來，成為不同於過去所學技術的「量子轉念共振場」引導技術，成為全新的一項，由一位量子轉念引導師同時引導八至十位個案的集體量子轉念引導。

圖 3：波爾的紋章，紋章中附有太極圖以及格言「對立即互補」，圖取自維基百科（wikipedia）。

為何是從「八位」開始？源自於可代表各種自然現象或動態的「卦」，分別為「天、地、水、火、雷、風、山、澤」，卦名則稱「乾、坤、坎、離、震、巽、艮、兌」，而且8與無限的符號∞相仿。琳恩・麥塔格特（Lynne McTaggart）在其執行的每一個實驗、召集的每一個「八的力量」小組，都用實例證明了：「心念並不是固鎖在我們的頭蓋骨之內，而是找到路徑進入他人，甚至是進入相距數千英里的事物之中，而且有能力改變對方。」

十二人則與十二地支有關，一天共有十二時辰，一年有十二個月份，象徵完成一個圓、一個週期，這樣的共振力量是最和諧與有力量的。根據量子物理的「次原子粒子能同時存在於多個地方，而且不只遵循一條路徑」，而我們既然認知目前「真實的一切」都是由原子建構的，原子的本質是意識創造的，同樣的法則便也適用於物質世界。所以轉念威力點能同時存在參與「量子轉念共振場」的任何一位個案身上，而且當其中有人量子轉念的瞬間，在場其他人也同時的量子轉念。

我所訴求、研究、實踐印證後，發表的各種文章、著作、技術、課程，都只為了幫助一個人找回自己的靈魂本質。在三維物質世界體驗「我是誰」與非凡創造力的同時，不被暫時性無常虛妄的物質幻象迷惑與束縛住了自己，盡一份我自己的力量，分享一個有系統、易懂、易學的工具，供願意深入意識之境、面對幻象造成心靈陰影的人，能真實地達到覺醒的意識。

意識本來就是主觀的，具有絕對的權威性，一切萬法唯心造。「意識」會跟不同維度的體驗而總結出來的信念有因果關係，不同維度的體驗所帶給自己的經驗，會決定你是「如何看待」所謂的「真實」。

＊話真相

人都不喜歡真相，卻又希望別人對自己誠實。
人都對真相好奇，卻不敢親自揭開真相的面紗。
人都想要內心平安，卻常勉強自己做違背自己內心的事。
人都想要解脫，卻又依附在一個枷鎖上來綑綁自己。
人都想要自由，卻讓自己屈居於權威的羽翼之下。
人都想做自己，卻讓自己迷失於崇拜偶像的寄託中。
人都想要清醒，卻讓自己沉醉在無盡的謊言裡。
人都想要隨心所欲、心想事成，卻讓自己活在違背心意的生活中。

這樣的無盡循環，如同上癮般造就生命多少輪迴？
我們自己到底在做什麼？
想要什麼？

所做的跟所要的是有關的嗎？
我們究竟想把自己如何？
想把自己帶往何處？
我們是活在不甘心、內疚的受苦情緒裡？
還是，活在平安之中？

——陳嘉堡

附錄

附錄A：打開意識維度的練習法

1 「展開意識網」練習

1先找個安靜且在練習過程中確定不會被打擾的空間，閉眼並觀呼吸，以正念呼吸的要領進行（吸氣五秒、吐氣五秒，共六次，為一分鐘完成），總共三分鐘。坐姿不限，只要不躺著、趴著，可以輕鬆不繃緊地坐著，身體放鬆靜心。

2開始將意識注意力停留在身體的上方約三十公分處，鳥瞰自己的身體約一分鐘。接下來依此要領，分別依序下、前、後、左、右的角度。當進行以「下」的角度看自己的身體時，別被「坐在地上」受限住自己的意識，別忘了，除非你自己「同意」，否則意識並非被受限在「某個維度空間」裡。你可以用這樣的想像來幫助自己，想像地面就像一片大型透明的玻璃一樣，你可以直接直視自己的臀與腿。

3當做完一個循環後，再回到身體「上」方時，將距離移至一公尺遠，然後再按說明2的要領，依序下、前、後、左、右觀看自己身體一次。

4兩者都完成後，細細回顧這兩者之間的角度與感受上有何不同？你的「意識」與「肉體」彼此間的關係是什麼？何者為真實？

5做完後，結束靜坐，將剛剛的體悟與感受立即寫下來，任何隻字片語都別遺漏，不必講究文詞流不流暢。

6至少三天做一次這樣的練習，並將每次的日期與體悟、感受記錄下來。三十天後，最新的那次記錄完，再對照第一次的記錄內容；接著回顧這三十天來的生活當中，自己的意識變化有哪些？將你的發現記錄下來。

7如果你覺得有趣，可以再給自己一梯次（上述三天一次、週期為期共三十天十次）的練習，熟悉自己意識的自由度。

2 「意識量子態」的練習

步驟1：鬆脫被三維空間催眠的意識。

作法：先找個安靜且在練習過程中確定不會被打擾的空間，閉眼並觀呼吸，以正念呼吸的要領進行（吸氣五秒、吐氣五秒，共六次，為一分鐘完成），總共三分鐘。坐姿不限，只要不躺著、趴著，可以輕鬆不繃緊地坐著，身體放鬆靜心。也可以參考《量子轉念的效應》章節裡「水光DNA雙股螺旋能量淨化法」的靜心方式。

步驟2：開始專注意識，依序進行下列作法。

我不是我的身體。

（重複這句話七次，每在唸這句話時，試著打從內心相信這個現象，來加強自己意識對它的專注力）

我不是我的情緒。

（重複這句話七次，每在唸這句話時，試著打從內心相信這個現象，來加強自己意識對它的專注力）

我不是我的視覺。

（重複這句話七次，每在唸這句話時，試著打從內心相信這個現象，來加強自己意識對它的專注力）

我不是我的聽覺。
（重複這句話七次，每在唸這句話時，試著打從內心相信這個現象，來加強自己意識對它的專注力）
我不是我的嗅覺。
（重複這句話七次，每在唸這句話時，試著打從內心相信這個現象，來加強自己意識對它的專注力）
我不是我的味覺。
（重複這句話七次，每在唸這句話時，試著打從內心相信這個現象，來加強自己意識對它的專注力）
我不是我的觸覺。
（重複這句話七次，每在唸這句話時，試著打從內心相信這個現象，來加強自己意識對它的專注力）
我就是我的直覺。
（重複這句話七次，每在唸這句話時，試著打從內心相信這個現象，來加強自己意識對它的專注力）
我就是我的意識。
（重複這句話七次，每在唸這句話時，試著打從內心相信這個現象，來加強自己意識對它的專注力）

步驟3：讓意識恢復量子態，並逐漸熟悉它。

當我就只是意識時，我會感覺到哪些現象？一一在心中列舉，直到沒有湧現任何影象、畫面輪廓、認知為止。

當我就只是意識時，我會覺察到哪些現象？一一在心中列舉，直到沒有湧現任何影象、畫面輪廓、認知為止。

哪些是我之前五感所沒有感觸到的現象？一一在心中指出它，直到沒有湧現任何影象、畫面輪廓、認知為止。

哪些是我之前五感就已經有感觸到，卻沒有去在乎它的現象？一一在心中指出它，直到沒有湧現任何影象、畫面輪廓、認知為止。

綜合剛剛前面的自我引導，我會發現到哪些自己從未覺察到的部分？一一在心中指出它，直到沒有湧現任何影象、畫面輪廓、認知為止。

綜合剛剛前面的自我引導，我會發現到自己可以轉念的信念內容？一一在心中指出它，直到沒有湧現任何影象、畫面輪廓、認知為止。

步驟4：將上述練習所得之感受、感悟以及內心所湧現過的畫面記錄下來，幫助意識去適應量子態現象。

小提醒：先以這樣的練習，每週一次進行一個月後，觀察自己在生活上對事物的觀點和以往有什麼變化？然後記錄下來。往後可以試著持續這樣的週期練習下去，試著讓這練習成為意識的習慣。

3 「穿越心靈陰影」練習

在《量子轉念的效應》裡提到過，「罪疚印記」的內容最令人難以坦承面對它，它就是我們心靈陰影的原型，基於「戰逃機制」的反應，我們很容易用盡各種合理化的方式拒絕承認它的存在，如：「那不重要，都過去了」、「那我已經忘記了」、「我不願再去想那些令我感到害怕或難過的事」、「現在和將來過得快樂比較重要」。前面我們有提過，麻痺痛苦的「止痛藥」（速食型的靈修、天使高靈能量加持）只會使自己更加壓抑痛苦，而惡化自己的心靈意識。所以「內在誠信」是穿越心靈陰影的第一件事，先能夠清醒到看清楚真正發生的事情，然後說出它的名字；更進一步說出自己正在做什麼，就能開始看得更遠。這就是照亮自己心靈陰影的開始。

1先準備好空白紙張與筆，在自己可以書寫的位置，找個安靜且在練習過程中確定不會被打擾的空間，閉眼並觀呼吸，以正念呼吸的要領進行（吸氣五秒、吐氣五秒，共六次，為一分鐘完成），總共三分鐘。坐姿不限，只要不躺著、趴著，可以輕鬆不繃緊地坐著，身體放鬆靜心。

2問自己：「從小到大，我有過什麼事令我感到內疚的？」可以反覆問三到五遍此問句，幫助自己逐漸回憶。

3若腦海裡有突然冒出過往的一件內疚事件，或者內心突然有一陣自責的情緒反應時，無論這件事的記憶有多麼零碎不全，或情緒反應有多麼微弱，都要放下戒心，堅持地繼續往下延伸發展出具體的內容。當回憶起這件事情後，可以睜開眼睛，將這件發生內疚的事情，從頭到尾一邊回顧它，一邊將回顧的內容寫下來，包括自己的情緒在內。

4此時你會有脆弱或自責帶來的痛苦情緒，這正是在面對與接納的過程，讓自己的心在自己眼前透明是有其必要性的，即使無法完全敞開信心，也要能夠表達自己的心情，承認自己的心有這樣的情緒與念頭反應。切記，回顧與書寫時的重點，不在於替自己脫序的行為找藉口或脫身。沒錯，這種自我揭露，通常做起來會很辛苦，自我也可能會有重挫的感覺；但想真正地重見光明，必須先深入內心的黑暗面，才能辨識出光明的出口。所以告訴自己，走進內心黑暗面是可行的，也是必要的。

5寫完這件事後，放下筆。再回到1流程的要領做一遍後，接著想像著內疚的對象，說出自己內心的情緒與感覺，以及你真正想讓他知道的想法；說完後真誠地向他道歉懺悔，若是有情緒湧上心頭，自然流露宣洩，請勿壓抑它。

6做完5的流程後，再觀想著當時的自己在自己面前，然後想讓那個自己知道，目前自己的感受、情緒、想法的內容，向他說出來，直到說完為止。

7做完6後睜開雙眼，將整個過程產生的心得、感受、想法、領悟寫給自己看，寫完就可以結束這個練習。

小提醒：若是還有其他令自己感到內疚的事件，可以按上述練習流程重複做一遍。若能每月做一次以上，對於接納自我，會有很好的助益。

雖然我們可以自行探究自己的心靈陰影，但如果能有位學有專精的「量子轉念引導師」從旁協助自己，通常會更有效率。隔著一段情緒安全的距離，用表層理性思考方式，去探索心靈陰影的元素，與置身於心靈陰影的洞穴中一探究竟，透過那些元素身歷其境的眼睛看、呼吸它們的氣息、感受所接觸的事物，是絕對完全截然不同的兩件事。

有技巧的面對自己的傷口，就能理解它的脈絡，思路清晰地連結過去與現在，此時扭曲的印記信念的轉念也就開始了。在那時，真正地走向光明，心靈陰影將不再躲在暗處，勇氣也會同時倍增。現在這道光不僅提供了亮度，也提供了溫度。

附錄B：世界各地華人讀者、個案、學員迴響

歐洲地區

法國，女，40歲，貿易進口商

思想或力量而稱雄者，而是以心靈使自己更偉大的人。《量子轉念的效應》這本書，正是人生道路上的一本心法寶典，無論身在何處何時，提高了我們對周遭的敏銳度，也同時提升了內省的功力，聆聽內心的聲音，是人生路上的關鍵，也是祝福之所繫。「大多數人在二十歲或三十歲就死了，他們變成自己的影子，往後的生命只是一天天不斷的複製自己。」——法國現代文豪羅曼羅蘭。於是乎，在我三十五歲的那一年，毅然決然重返法國校園，此路波折，期間又發生許多事，數次想放棄，但秉持著初衷用心堅持還是給撐了過去，沒想到卻讓我跟大地有了更緊密的連結，並投入於此。對於人生路上選擇的當下，總是有很多的聲音出現，加上不安的情緒讓內心對於未知和未來總是迷茫害怕。自從有了量子轉念，把生命的鐘擺敲響了，打開人生的另一個視野，若能好好品嚐細細品味，就如同好酒綻放的滋味，開啟生命的饗宴。

荷蘭阿姆斯特丹，女，45歲，進出口貿易業

1量子轉念引導課程心得分享

若可以，用「恩師」兩字才能表達我對老師的尊敬和感激，願我用質樸之言合十，由內心對老師送上最誠摯的感謝。每一個人若能有幸找到適合自己的生命老師，難道不是一件美妙的好事？這些年從老師的文字，親授課程，見到的是一位全身心付出，獨自常年累月穿梭於不同的國家地區，面對不論幾位、十幾位、幾十位學員時，都傾心盡力把浩瀚廣博的宇宙生命探索，用淺顯直白的科學論證傳授給我們。有時到課程最後一天聽到老師疲勞嘶啞的嗓音，內心真的感動，會為老師這般辛苦付出而感動落淚，真的很難得現在有這樣的老師在世間傳道授業解惑（好似古代才有這樣的老師）。這門課程每一個人都可以學，老師用實證告訴你：你可以拿回自己的力量！活出自己的生命！

初次與課程相遇的我當時喜出望外，這不就是探索真相的技術嗎！我深埋心底許久的人生疑惑被解封，尋尋覓覓，從東方文化找到西方文化，親歷親為體驗各種路徑，我竟然在量子轉念引導技術課程裡找到了寶貝！在那一刻我完全被吸引：當下靈魂被深深滿足了！機遇難得，我要一路堅定走下去。「以人為本，看見實相」是老師這門課程的精髓，每個人的成長經歷完全不同，生命路程獨一無二，老師會針對每個人的提問給予回答和指引。最精采的一刻就是自

己看見實相，全息的智慧完全出自你自己內心，轉變了固有信念，令人對課程技術讚歎不已！人生的幸福不僅有外在的豐盛，更要有內在的平安支撐，才能讓那雙行走在世間的腳踏上永生的自由路！

2 量子轉念引導課程心得分享

一眨眼旅居西歐已十餘年，在不同的國家生活工作時，我有機會認識接觸不同國籍、不同膚色種族、不同職業的人，可以說人們不論來自哪個國家都渴望內心與外在的平安！尤其這些年歐洲經歷經濟低迷，不同文化之間理念摩擦衝突等等外因，人們真心希望有一個和平美好的多元化生活。以我自己的感受，要讓內心平安不是依賴閱讀一些平面的知識理論就可以達到目的。一個情感豐富內心複雜的普通人，要明白自己命運之路，不能缺少指引協助自己前行，有實戰經驗的前輩老師，於是在這樣的契機下與量子轉念引導課程相遇，跟隨老師學習探索生命。

『授之以魚，不如授之於漁』，老師一直秉持這樣的觀念傾心盡力授課。這不同於普通的教學，這是洞見心性層次之術，課程的學習中修復療愈創傷，擴展意識層次，厘清錯誤信念，提升智慧，這才是修正改命的根本，讓人一生受益。同樣的課程內容老師不論講多少次，都是精益求精，力求讓大家清楚明白。『以人為本，看見實相』是老師這門課程的精髓，每個人的成長經歷完全不同，生命路程獨一無二，老師會針對每個人的提問給予回答和指引。最精采的一刻就是自己看見實相，全息的智慧完全出自你自己內心，轉變了固有信念，令人對課程技術讚歎不已！

澳洲地區

阿德雷德，男，33歲，旅澳鋼琴家。

人在海外，中文書籍少之又少，心靈類書籍更是異常珍貴，拿到嘉堡老師轉型後的第一本新書《量子轉念的效應》後，一口氣讀完了整本。

可以說是「超出預期的震撼」。這本書結合心理學和量子物理學原理，加之嘉堡老師十多年豐富的經驗，可以說是集大成的宏篇之作。

我期待，只要有華人的地方無論海內外，都會刮起「量子轉念」的旋風，因為它將帶領你逆轉生命的印記，重返覺醒的人生。

阿德雷德，女，30歲，旅澳心靈導師。

想法、感受與情緒會影響與改變DNA，這並不是科幻電影裡才會出現的橋段，而是嘉堡老師《量子轉念的效應》這本書的精髓。這是一本可以改變人生的好書，我們東方智慧中「道可道非常道」的「道」，被嘉堡老師融合了西方量子科學的理念，用現代的語言和大量的案例分析，一一破解。只要擁有足夠的愛與勇氣，每個人都可以找到生命的真相。我想只有自己親身走過的生命體驗，才能達到如此的深度。強烈推薦給每一個想要了解生命真相的人。

一對一個案量子轉念引導心得：

能被嘉堡老師親自引導，是件很榮幸的事。開始引導前還有一絲忐忑，因為就連我自己也不知道即將被引導出什麼樣的潛意識內容。但是，嘉堡老師專業與柔和的語氣很快讓我放鬆下來。當我隨著老師的引導，本能地回答一個又一個的問題之後，我所看到的景象大大超越了我之前的想像。

金字塔、原始森林、馬雅人，這些我今生不曾過多留意的元素開始一一出現在我的眼前。緊接著是內心深處控制不住的情緒和感受。當下的自己其實搞不清楚狀況，但那是一種完全不由自主被故事推動前行的感覺，容不得一絲質疑。等到引導結束，出於好奇，我打開網絡搜索馬雅文化，竟看到馬雅人當時的裝束以及馬雅金字塔的場景和我在引導中看到的幾乎一模一樣。

而在這之前，我從未接觸過這樣的信息。

這驚人的巧合帶給我的震撼可想而知。震撼之餘，我更加感慨人類潛意識的奇妙之處。引導的內容雖然遙遠又離奇，但是引導之中的體悟卻真的準確地解決了我心中的疑惑，讓我在引導之後安然放下。

很感謝嘉堡老師的大愛與陪伴。

新馬地區

新加坡，女，36歲，公司職員

讀到嘉堡老師《量子轉念的效應》一書，心情很激動與感慨。當我第一眼見到嘉堡老師的那一刻，我內心有個聲音告訴我：「我終於找到你了。我對人生的迷惑和各種疑問將要有答案了」。——這是我從小到大的疑惑——是嘉堡老師讓我了解，我從哪裡來，為什麼要來到這個世界，還有來這個世界的目的是什麼，是他讓我了解我生命的真相，讓我有勇氣去面對生命中的痛苦和執著。以前的我只會跟別人不停的嘮叨自己的煩惱，根本不想解決問題。而現在，通過學習技術，我遇到事情不再嘮叨，而是想辦法通過技術去尋找答案，真正面對問題、解決問題。每當我遇到困惑時，我就會翻開老師的《量子轉念的效應》。它就像一本《聖經》一樣，裡面有我問題的全部答案。當我對目前的狀況迷惑時，我就會想起老師說的一段話：「意識覺醒的心，是以全息的維度觀點來看待自己目前的狀況」。這個時候我會很平靜的去面對自己問題，不再感到焦慮和恐懼不安。當我想要得到快樂時，就想起老師書提到的：「了解生命的真相才能夠離苦得樂」。——這句話給我很大的啓示去探索生命的實相。當你了解生命的實相，對於目前的狀況以及未來的發展，你都不會心存恐懼。是老師用他的智慧和慈悲點亮了一盞明燈，給了我生命的希望，指引我走向人生的平安喜樂。而現在我已經了解生命的實相，知道自己的靈魂課題和生命藍圖，開始邁向平安喜悅的人生。感恩嘉堡老師在我靈魂覺醒路上給我的支持與鼓勵。

新加坡，女，36歲，自僱人士

讀後感一篇：嘉堡老師的《量子轉念的效應》基本上是我一本案頭必備書籍，時常拿出來翻閱。當生活中出現煩惱或者情緒的時候，我都會翻開書去尋找答案。裡面凝聚著老師多年來的教誨和智慧，每次讀的感受都不一樣。而且時常會跳出一些金句來解答現實生活中的疑惑，那種力量和感悟是非常深刻的。

例如其中的《水光DNA能量淨化法》和《自我檢查生命中扭曲印記信念法》，就非常具有實戰性，不僅幫助我在困惑時去審視自己，找到真正問題的答案，而且也幫助我許多朋友解決了生活中的難題。就如嘉堡老師書中寫到的，「問題的答案往往就在問題本身裡了」，「眼前的困惑，其實源自內心的衝突」。

我在這本書中感受到的是一位心靈老師凝聚其畢生之力的真實分享，而且那些體悟，大都是他的親身經歷，即貼近生活又高出生活本身。在人生的每個階段閱讀，都會有常看常新的不同感受，有時候經常會發現許多以前沒有留意到的內容突然變成了當下生活中的真知灼見。

在這個現實功利的世界中，難得有這樣一本睿智好書。即不媚俗也不奉迎，不偏不倚，平實深邃、靜水流深，非大智慧者不能寫就，非質樸之人不能詮釋。而嘉堡老師恰恰就是這樣一位智者。所謂：「己欲立而立人，己欲達而達人」，老師用他生命之路凝結而成的著作，毫無保留的分享，真的能讓人從文字中獲得希望與力量。

被一對一量子轉念引導心得

我是量子轉念引導技術的受益人，在技術的協助下解決了許多人生問題。其實以前我也做過一些諮商類的嘗試，但我發現敘述和發洩情緒，只要思惟模式還在，每次敘述只會加固我對這件事的認知，並不能改變我的煩惱和痛苦，甚至想起來還會加劇。

而嘉堡老師創立的量子轉念引導技術，真的不是只是發洩和複述，他會在引導技術的幫助下帶領你走出那種思惟邏輯，之後重新面對自己的人生。就好像改變了地球的運行軌跡，生活中的那些好像四季循環一樣的煩惱也就隨之消失了。這點我深有體會，就好像我在一次引導中看到的，我總是喜歡推卸責任給別人，導致我總是把我的不如意推卸給我父母、我先生和我的孩子，這樣導致我們的關係都不融洽，他們不知道我在討厭他們什麼，而當我在引導中看到，我這種無端端推卸責任給他人的思惟邏輯時，我真的放下了，所以我再跟他們相處時，沒有了那個思惟產生的情緒，我感覺我們的相處模式更加融洽和快樂。

我覺得人生可能就好像一本書，當我抓住某一頁內容，一直追問「為什麼」的時候，恰恰是因為沒有讀到前一頁和後一頁。就好像我只看到了「他打我」這一頁，但沒有看到後一頁的「他有多懊惱」和前一頁的「我做了什麼」，這樣的情況，即使我複述無數次，也只是得到「他在打我」這個結論，而不會對他及對事情產生任何的變化。

量子轉念引導技術恰恰就好像教會了我識字一樣，可以讓我自己去閱讀「我」這本書的全部內容，也就是嘉堡老師說的「實相」——事情的全部內容和真相。當你看完了故事的全部內容，那種豁然開朗、恍然大悟的感覺，真的是太美妙了！不僅接納而且釋然，那種真正的原諒和放下，讓我現在回想起來還覺得無比美妙。

真的非常感恩嘉堡老師創造了這樣一門技術，讓我有能力有方法看到「書」的全部。

馬來西亞吉隆坡，女，38歲，會計執行員

當自己拿到這本《量子轉念的效應》開始，感覺它是神祕又充滿了不可思議的感覺。在剛開始閱讀過程中，可以說用「啃書」來形容我去讀這本書。過後我參加了導讀分享會後，才發覺我應該轉變態度與思想去閱讀這本書，在「用心」去閱讀過後才發現它是一個充滿了科學，心靈與神祕面紗以及生活上所無法理解和解決自身習慣，情緒和思惟變化而一直影響著我們自身和身邊的一切。從開始認識自己，再以科學角度去分析人生中的問題，進而了解恐懼與痛苦的形成而演變成為精神問題以及疾病的誕生過程。包括充滿神祕的宇宙，夢境和疾病的詮釋！一一的回答了自己從小一直解不開的問題和想法。

這本書最吸引我的是恐懼來源，疾病與夢境的訊息。因為好奇神祕世界的面紗，真相與現實之間的存在，進而打破我過去以傳統和狹窄的思想來認識這個世界和宇宙。再加上嘉堡老師一些指導分享以及案例，讓自己更清楚明白嘉堡老師所要表達的重點和意義。值得推薦的一本好書！

感恩作者陳嘉堡老師的用心和分享。

馬來西亞吉隆坡，女，39，意識工作室負責人

自從參加完量子轉念引導技術後，我的人生開始大轉變，我不斷的協助個案和學員做一對一

實習引導，讓他們面對與釋放深層的三種印記（創傷情緒印記／移情印記／罪疚印記），嘉堡老師創辦的量子轉念引導技術打破了我很多很多過去的扭曲觀念，這些錯誤信念影響了我一輩子，從小就被原生家庭的負面情緒影響而導致我理解錯亂，這些印記深深的輸入在我的記憶裡。

透過雨曇老師協助我一對一專業量子轉念引導中，回到無數個童年和前世，不斷的釋放和面對自己對爸爸和媽媽的扭曲信念，讓我重新建立正確的信念，這種引導技術太神奇了。引導後，我的生活有非常大的轉化，我開始接納爸爸媽媽的愛，我和老公的關係越來越密切，最讓我感動的是自閉症的小兒子也康復，而且我的憂鬱和失眠好起來。身心合為一體，真實的找回自己的價值，家庭的幸福生活更是讓我有最大的收穫。

《量子轉念的效應》這本書的主要特點是靈魂五大課題：愛、金錢、健康、關係、勇氣。人生必定要學習和探索的最大功課，透過這靈魂五大課題協助自己完成今生的約定和初衷。

在二〇一六年，我做了一個勇氣的決定，我完全結束之前推薦和主辦的心靈技術，我重新選擇推廣雨曇老師的「量子轉念共振場」和嘉堡老師的「量子轉念引導技術課程」。把這門獨一無二的技術傳播給予更多需要的人，讓大家更認識量子轉念引導步驟技術的內涵。推廣最大的初衷是喚醒大家勇敢的找回自己的生命藍圖，活出自己的人生目標，了解自己的生命真相。

馬來西亞吉隆坡，女，50歲，亞太區域電腦訊息經理

近日才覺察到實踐量子轉念引導技術在生活中，已有三年多！我是在二〇一四年十一月成為新馬兩地第三屆「量子轉念引導技術課程」八天四夜課程的學生。我選擇上課的理由，是因數月裡，在其他管道的心靈療癒技術上，我遇到了瓶頸，一直無法突破因境，無法到達心靈安寧與意識逐漸清晰的狀態。時時刻刻都陷入「無助，恐懼，害怕，傷心等情緒思惟折磨」，更痛苦不堪的是，我不知道我應該怎麼做，才能改變我的悲慘命運！雖然課程結束後，無法立即消化大部分的內容，但是我看見了一絲希望，我想陳嘉堡老師可以為自己的生命創造奇蹟，我一定也可以！

接著，我花盡心思、精神、時間操練量子轉念引導技術，為個案引導，一邊參加雨曇老師的量子轉念共振場，更挑戰的是在生活中，直接面對多項重大創傷事件，修復關係，重建家庭，婚姻，工作等等。可以說全然放下身段，重新開始！這段精采經歷，真是筆墨難寫！

課程中，有許多內容我似懂非懂，我不會，但我願意學！一次不會，那學，二次不懂，那再學！憑著那股傻氣，我陸續複訓五六次，到至今我依然如是。

回顧第一次考核量子轉念引導師資格的經驗，雖沒通過，但其中一項讓自己敗北的原因，竟然是「不願意讓自己做事再馬虎！要對事對人負責」，沒搞懂就是沒搞懂，別欺騙自己。好好

學習，才是正事！這也是我後期複訓中和引導個案們所體會到，要改變命運，請為自己生命和人生負責。

大中華地區

香港，男，50歲，金融證券業退休人仕

很感恩有機會拜讀嘉堡老師的《量子轉念的效應》，更要感恩的是有機會修讀嘉堡老師的量子轉念引導技術課程和有雨曇老師為我作量子轉念引導。

在我接觸過眾多靈性工具中，我覺得量子轉念引導技術是最實用和應用層面最廣泛的。不過我還是很感恩有機會學到很多其他的靈性概念及工具，為我打造了一定的學習基礎。

在幾年前已經接觸到意識創造實相這個概念，並經常把這句話掛在口邊，但這句話的意思對我來說還是如虛似幻，對此話也抱有半信半疑的態度。上完量子轉念引導技術高階課後，才明白一切我們所經歷到的人、事、物，有一些是我們的靈魂一早便計畫好了，另外的是我或我們集體創造出來的。計畫好的東西是給予我們去體驗或學習的機會。老師在課堂上舉了很多例子去說明我們的想法和信念怎樣被反映到我們經歷的狀況、我們身體的狀況和甚至乎我們身邊物

件的狀況中。現在遇到不理想的狀況，已極少會去怨天尤人，而是去反照內心裡有什麼想法或觀念會引發這個狀況，和其中有什麼可以學習的地方。雖然不是每次都能有實質的答案，但我想我經常這樣做便有機會發現自己一些不足的核心信念，發現後便有機會把它們改變過來，慢慢地我的意識便能被提升起來。

希望世界有更多的人能接觸到量子轉念引導技術，把他們帶回愛與平安的道路上。

香港，女，56歲，貿易公司進出口部經理

其實在接觸陳嘉堡老師的「量子轉念引導技術」課程前，我是完全的一點概念都沒有的人。經由好友的引介，我得以有這個機緣來接觸這兩天的初階課程。相信我比任何一個同學都更有資格被稱為初階學生，因為在這之前，我想了好久……為什麼好友要帶我去上物理課？

在老師淺明易懂的講解下，竟然讓我找到了我小時候的靈魂，雖然家庭的環境不好，但足以讓我在安逸的環境裡成長。我心中有愛，我愛我的母親，也愛我周圍所有我認識的朋友，我不想失去任何一個人。我想我身邊的每個人每天都快快樂樂，開開心心的。我想幫「人類」做些事情。然而十歲以後，我的天變了。哦，這個世界原來有壞人，為什麼沒有人教我？原來有人會騙人，為什麼他們要這麼做？不是所有人都想接受我的愛，因為他們覺得我的愛不怎麼樣。就在這種歲月的洗鍊中，我一點一滴的遺忘了自己的初衷，變得消沉而麻木。而走入了自己的

死胡同並且陷在裡面無法動彈。

感恩在嘉堡老師帶領下，我的眼淚又流下來了，久違了的眼淚讓我感受到一點一點的暖流重新的注入了我的心中。既熟悉又陌生的感覺讓我相信如果自己堅持下去，一定可以找回我心中的天使。讓我重新擁有色彩繽紛的靈魂。

謝謝嘉堡老師及一起上課的同學，是你們讓我有了這麼美好的旅程我也期許自己在這個旅程裡繼續前進，圓滿我今生的功課。

香港，女，41歲，心靈成長中心共同創辦人

此時此刻，深深地體會著「無限的愛與感謝，回歸靈性的平安。」認識《量子轉念的效應》這本書將近三年。當時，我和丈夫的人生和一起經營的事業正面臨突如期來的極度失控的局面！真的一點轉機也沒有！要面對突然結束營業的事實所帶來的一連串慘痛的恐懼、面對事業前景、面對將完全失去生活經濟支柱、面對將發生的巨債危機……

真的有很多不想面對不知如何交待的人和事，每天幾乎活在極度焦慮、恐懼、自責、內疚、悲觀的情緒和失控的狀況，一向像不倒翁和堅強的個性，突然變得很會胡思亂想，任由眼淚不由自主地流下，每天以淚洗面，情緒崩潰、身心靈和健康承受著巨大壓力與不適等等的痛苦，一時之間不知如何面對？不停重複地問自己：究竟我要生存的意義是什麼？為什麼我突然

會面臨這慘痛失控的局面？我未來將要面臨什麼樣的情況？我要如何向所有家人交待？我和家人的生活將要如何過下去？好多沒有答案的問號浮現眼前？

《量子轉念的效應》一書和陳嘉堡老師林雨疊老師的出現，有如黑夜中的柱光，照亮黑暗中的自己，書中細膩地分享兩位寶貴的故事，如何於過去生命裡，面對疾病的痛苦，身處困境逆境中，仍能不斷地探索內在意念的實相，不斷地轉念。當遇到生命的困惑，除了面對外真的沒有其他，兩位老師的故事像一直在我身旁給我無限的鼓勵、引導與支持，真的深深地打動著我倆，更有勇氣一起重新面對屬於我們的內在信念造成當時生活實相的成因，鼓起勇氣面對最糟的狀況，以及很多不想面對的人事物和未能估計及預測的處境，這本書，徹底扭轉我們夫妻倆的命運！

落實《量子轉念的效應》書中的教悔和覺知轉念，是我們唯一能做的事，重新檢閱覺知和面對自己的信念，了解很多主觀想法，只是大腦給予的扭曲印記，絕對不是唯一正確的觀點。當我們跟隨書中的方法做量子轉念的書寫練習時，如明燈指引，找到很多過去類似的事件，真的很多發現，通過類似事件去轉化後，看待事件的觀念完全不同，整個世界也隨之而不同。這是一種瞬速轉念和自在的感覺，我無法用語言來形容，原來我們的痛苦，都是腦袋的思想和扭曲印記造成了我們認為的慘痛現實！現在心靈內外因素，家庭事業人與事的觀點，更有覺知地生活於每個片刻，更明白過去的人生，為何總是活在輪迴的地獄，現在處於人間天堂的成因，並感受自己的無限潛能，和心態的平安。此刻，憶起過去的點滴，不禁悲感交集，充滿感恩之意帶著不由自主的眼淚直流，再次感恩我們的生命轉念可貴，藉以生命的故事與實踐來分享《量子轉念的效應》這本書和陳嘉堡老師林雨曇老師兩位，讓更多生命因此轉念，如同我們一樣體會此刻和未來充滿「無限的愛與感謝，回歸靈性的平安」。

廣西南寧，女，30歲，小學班主任

認識之姐（廣西南寧推廣量子轉念引導技術課程的負責人之一）是奇妙的緣分，感謝阿秦的介紹，也感激之姐和英廷帶我認識嘉堡老師，開始學習量子轉念引導技術課程。

三月十、十一日的學習開啟了我新的思考，重新認識自己。我現在說說我的感觸吧！我以前做事總是苛求自己不能犯錯，一旦有一些事情沒有達到我預期的目標我便自我否定和批評，不自覺地追求「完美」。我總有很多令自己不滿意的地方，也常自責該做的事情沒有做好。學習後我開始反思，那是我父母從小對我非常苛刻，要求我學習成績必須非常優秀，日常中我只要做錯事情就會受到嚴厲批評。

小時候我的考試成績經常排在班裡前三名，前三名，但父母總還是不滿意，他們沒有當面表揚或肯定過我，只是不停指出我的錯誤之處。所以我過得很不輕鬆，工作中會因為一個小失誤自責半天，大失誤難受更久，生活中也經常因為很多小事自責。

學習之後，我開始學著放過自己，接受自己，允許自己犯錯，不再給自己設定很多目標必須實現。也允許學生犯錯（我是老師），不會因為學生犯錯就開始以長者的身分進行批判（自詡完美的姿態），而是先誠心包容學生犯錯，再和他一起尋找解決辦法。

一周下來，我覺得自己變得快樂多了，也開始有享受工作的心態，以前我總是抱怨現在的教育體制把老師壓抑得沒有快樂，所以沒有辦法給學生傳遞快樂，但我發現其實我自己可以改變的很多。嘉堡老師還說，我們要學會在工作中放鬆，不一定要在在週末癱著什麼事都不做才算放鬆。如果是以前的我，工作一周後週末一定疲憊不堪，而上周我學習調整心態後，從三月到十六號連著十二日沒有休息不停上班、培訓，我都沒有覺得特別疲倦，在工作中學會放鬆、放下壓力真的很重要！心懷感恩。

廣西南寧，男，45歲，美容健康養生會所董事長

學習修行的本質

當我說我是學習量子轉念引導技術時：不是說我比別人更純潔善良，而是我有太多無明煩惱需要去除，我需要集體潛意識場的智慧。

當我說我是量子學員時：不是說我比別人更具足智慧，而是我被太多的傲慢包裹，我需要用謙卑來體味更浩瀚的世界。

並不是因為我比別人好或壞，而是我了解到眾生的平等無二。

我們學習量子轉念引導技術：不是為了從此求財得財，而是為了了解、釐清自己對一切欲望的執著。

我們學習的目的不是為了人生一帆風順，而是為了坦然接受無常，在任何殘酷的境遇下，從容如君王。

我們不以愛的發心的名譽綁架他人，而是為了用周到的智慧，在隨順眾生中自利利他。我們學習並不是因為要逃避人世追求虛無的修行，而是深知日常生活處處是道場，活在當下就是在修行。

我們學了量子轉念引導技術：我的生命並非從此不再遭遇挫折，是有了量子轉念引導技術的相伴，挫折一一轉化成助我成長的因緣。

單單想到今生有緣生而為人，具備學習成長的能力，又有機會善遇量子轉念引導技術知識，得以聽聞老師教導，就深心感動，因緣不可思議。

我們學習量子轉念引導技術：並不是因為外在有一個神，而是我發現了，我本具的自心本性。

無限的愛與感謝，回歸靈性的平安！

台灣台北，女，45歲，銀行經理

因好友的推薦，有幸讀到《量子轉念的效應》，才發現這是我一直在尋找的：用科學來證明靈的存在，而嘉堡老師用量子物理學的原理來說明，讓人更加信服：原來業力是「印記＋核心信念＋行為＋習慣」，對於業力看法不再沉重。

再上完「量子轉念引導技術」三階段的課程，讓我對人生的道途有了新的認識，並且釋解在宗教信仰中的疑惑。認識到我的價值，不只是在工作上的成就，業績創新高，別人的讚美，善事作了多少……，我本來就有無限價值，被文化背景，現實價值觀，宗教戒律等給掩蓋了。明白覺醒是無時無刻。

作完一對一的專業量子轉念引導，才知道小時候天天被繼母打，並不是我上輩子欠她的，而這輩子是來還的；發現我身上的苦難之事，其背後都在教會我一個道理；明白來地球是體顯本來的價值，不是掉進了苦海。且宇宙沒有秘密。

我變勇敢了，不再以恐懼為出發點去思考及作事，反而事情都很順利。

感恩嘉堡老師無私的傳授「量子轉念引導技術」感恩雨曇老師的一對一量子轉念引導。

台灣台北，女，57，貿易公司外銷部協理

記得小學上作文課時，「我的願望」是老師們規定必寫的題目之一，當時小朋友們總是興奮

的寫著「我希望將來能成……」，隨著年歲的增長，這個五彩繽紛的願望在時間之河的洗禮下早已退了色且變了樣，甚至變得模糊難識了。如今年過半百的自己仍然有夢、我只願自己能永遠的「寬心自在」，然而這個看似簡單的願望，其實最難達成。

打從懂事起，我就努力的扮演著生命中的每個角色~自己一直是父母眼中的好女兒，師長們公認的好學生，老闆最得力的助手，結婚後更是公婆認定的好媳婦，先生的賢內助，萬能的母親，我幾乎滿足了所有人的需求，除了我自己！一個看似美滿幸福人生，卻始終無法真正的取悅自己，讓自己快樂一點。

於是這個苦悶的靈魂開始接觸東西方不同的宗教與靈修書籍，饑渴的吸取著從各類書籍中所穫取的心靈養分，希望能替自己的靈魂找到一個出口，這些年持續體驗著不同的心靈成長課程，包括參加短期與長期的原始佛法禪修營，同時學習各種不同的療法（如靈氣師父，海寧格的家族排列，人文催眠等），感謝過往生命中曾經教導過我的所有老師們，因為每一次的學習都會帶領著我往下一個生命階段繼續的學習。這些年來佛陀教會我覺知與觀照，而在耶穌身上，我連結到更大的愛，我希望能用餘生來完成此生最主要的目的，就是不斷的提升自我意識，也幫助別人意識的提升，但我知道要完成這個目的，在修行的道路上，自己還有很長的一段路要走，因為我還無法真正的內心自在，還在不斷的追尋。

在道的帶領下，二〇一七年十一月，不經意的在網路上接觸到嘉堡老師的課程時，就深深的被吸引著，讀完老師的著作《量子轉念的效應》一書後，不禁感到自己何其有幸得遇如此奇人，能透過科學的觀念將宇宙間的訊息解釋的如此清楚，又能將不同的療法融合並統合成一種既直接又快速，其力道如螺絲釘般的足以向迴旋直達靈魂的最深之處。

感謝老天促成此次的因緣，讓自己順利參加了二月三~四日的初階基礎理論課程，在嘉堡老師精心設計的各種情境劇本中，透過學員們角色的扮演，讓大家清楚的看到印記形成的模式，以及一個扭曲的信念所造成的印記是如何捆綁著每個人的靈魂並深深的影響著每個人的生活，人們常期在此沉重的印記下受苦而毫無覺知。

在前世回溯過程中，感謝嘉堡老師讓我發現了過去未曾發現的一個真相，原來自己過去習慣掌控家中所有的事情，並極欲獲取母親的認同，其根源竟源於自己在胎兒時差點被母親捨棄所產生的無價值感的印記，我想這應該是造成自己無法真正安心自在的重要原因吧！

我覺得療癒的效果往往不在於療癒師的技巧，因為技巧是可以被學習的，一個真正有德的療癒師必定具備了修行人特有的洞見可幫助人們看見真相，同時還要有一顆悲憫之心，如神農以身親試百草的精神，而此兩種特質早已深藏在嘉堡老師豪放不拘的外表之下。感謝嘉堡老師的付出也感謝同學們的溫暖的陪伴！期待中階課程的來臨！

台灣台北，女，42歲，護理師

在下筆寫這篇心得分享時糾結了很久，我有種赤裸裸的呈現在別人面前的感覺，但還是提起了勇氣寫了這篇分享，因為我想放下，不想再用鴕鳥的心態來面對問題。我常覺得自己這輩子想說的話，大概都在三十歲以前說完了，三十歲以後的我越來越不喜歡自己，也不愛聊天了，我變的愛鑽牛角尖、孤僻、固執。在長期負面思想及情緒的拖累下，最後身心俱疲，常覺的人生太過漫長，希望能早日解脫。

在這種心境之下，我不斷尋求精神上的寄託、心靈上的慰藉，我不斷的求神拜佛、算命。我以為從宗教方面可以尋求到人生課題的答案，可以擺脫天命、人生順遂。為什麼不從天命就一定會命運坎坷而且還會身體不好，為什麼只有西方極樂跟地獄、天堂跟火壺可以選擇。為了擺脫天命詛咒我甚至改信了基督，我以為終於可以得到救贖，可我失望了。難道人生沒有其他的選擇嗎？我是多麼渴望有能力去主導自己的人生，而不是被他人左右，但最後還是無法如願以償。我仍然無法成為自己生命中的主導者，像個浮萍一樣，始終覺得自己不屬於這裡。我不斷的問自己，是我不夠虔誠還是不夠瘋狂的敬拜，所以我感受不到，才會覺的自己像個局外人般無法融入其中，才會這麼的空虛孤獨。

直到有天，在 FB 上看到嘉堡老師的粉絲專頁，直覺在這裡可以找到答案，於是很快的就報名了。但報名後又忍不住的自我懷疑，真的上完課就會有所改變嗎？在這之前不是沒有做過心理諮商，也畫過家庭樹找問題，但依然無法深入核心問題。在這兩天的初階課程當中，發現原來影響我這麼深遠的是子宮期的胎內印記，媽媽之前常開玩笑的說我差點被拿掉，因為懷我時妊娠劇吐，連膽汁都吐出來，完全無法進食，只能靠點滴補充營養。我一直把這件事當笑話聽，直到老師講到墮胎印記才恍然大悟。其中還有一張圖片「靛藍人」，讓我覺得很驚訝！在幾年前曾經對臼井靈氣很好奇，所以去測過七輪，那時只覺得好玩，機器測出來後也只說喉輪比較不好，所以幫我灌靈氣治療喉輪，之後也把七輪跟氣場顏色 copy 給我，時間一久就忘了這件事，直到上課時看到圖片才想起來，回家後拼命的想把圖片檔找出來，但就是找不到。

這兩天的課程真的讓我收穫很多，從抱著懷疑的心來上課，到後來在課堂中，答案一一在我腦中浮現。這是以前從沒有過的經驗，竟然從課堂中就可以看到答案的曙光。非常感恩能有這個機緣遇到嘉堡老師，也非常期待五月的中階課程，希望未來從課程中能再更深入找到核心的問題並學習到可以幫助病人的轉念技巧。

台灣新北，女，45歲，銀行證券業

有一天我在 youtube 聽到嘉堡老師在廣播節目介紹《量子轉念的效應》這本書，當下覺得量子轉念很特別想多了解書的內容，於是便上網訂購了書也報名參加老師的課程，從此量子轉念的效應就在我的人生發酵了，也體會到三大扭曲印記信念是如何的影響我的人生，因為印記的影響讓我產生了無明而不自知。學習了量子轉念引導技術課程，讓我以新的理解來看待自己的自我價值觀，我來到世上是為了擁有喜悅並將喜悅也帶給別人，我所遇到的事都只是一個經歷一個過程，要活的好活的開心，但以前的我不了解於是就困住了自己。

在接受雨曇老師的量子轉念引導之後我了解到以前的我只會看到我要看的，受限的視野讓我只活在我自己的世界，非常狹隘的世界。透過量子轉念的引導，我體會到任何事物其實都是中性的，是我賦予了它定義，也讓我知道不要再用印記和人互動，我學習擴大意識，以理解的心放下私見、執著、分別、批判，當我能放寬心胸，有多一點理解及同理心時便改變了和人相處的關係，尤其是和父母家人的關係更貼近，更融洽了。

在我學習量子轉念引導技術課程的過程中，爸爸被診斷出胃癌，雖然我們同住在一個屋簷下，但我和爸爸的心其實是有距離的。我成長在非常重男輕女的家庭中，但偏偏我爸沒有兒子只有女兒，所以沒有兒子這件事是我爸非常遺憾的，而這個遺憾也直接造成了我的心的受傷，透過雨曇老師的引導下，我才發現我有很多對爸爸的不滿、不諒解我放在心中一直沒有說出來，我只記得爸爸的不是卻完全忘記爸爸對我的付出。透過引導讓我改變了以偏概全的信念，更重要的是我了解到其實是我要放下爸爸要兒子的心，當我重新去了解實相之後，我發現我和爸爸心的距離縮小了，當爸爸因為胃癌在醫院接受開刀治療時，我對爸爸說我們一家人都會在開刀房外支持他請他安心放心，也能夠真心的在病床旁陪伴他，爸爸也說他很感謝有我們這些女兒，這讓我非常感動。

現在的我可以學習分辨跟在頭腦後面出現的內心聲音，也就是藏在潛意識的限制性信念和產生負向感覺的價值觀。我會問自己情緒背後所要傳答讓我了解的是什麼，也會留意自己無意識說出來的話，冒出來的念頭。把量子轉念引導技術觀念放入真實生活中的各個層面，想要轉變印記核心信念就要踏實的持續練習，回到愛，回到心靈的平安。

台灣新竹，女，29歲，物管秘書

我很喜歡與書對話，那是一種靜心、有品質的陪伴自己，其實也是與自己對話，而嘉堡老師的《量子轉念的效應》，讓我平時就可以滋養自己，帶領我看看自己、咀嚼、品味自己的人生、意識內容，有時反覆地看，隨著自己的心境、經歷的變化，體會領悟到的也會有不同，更深入、更明白，看的東西也更透徹，每次的細看，與用心感受，都是更認識自己的一步。

上完整套課程，讓我看到這是人類心理很重要的看懂與有理性基礎架構且深入有效的解決路徑，尤其他不是與小我對立，而是用更高的理解，與小我連結，協同小我一起面對，陪著去看看當時遺漏的並看清全局，讓小我心悅臣服。課程有深厚的理性學科背景深度剖析人們為何而苦，人們的苦從何而來，怎麼去面對苦這場人生大戲，怎麼去轉化它，是這場用經驗來換取領悟的人生的重要手札，如果糾結苦惱很久了，是不是該想想什麼方法可以解開這人生千千結？

很開心可以跟妹妹一起上課、學習，在生活中遇到有情緒起伏的事時，除了自己可以幫助自己外，還有最親的家人可以幫我，協助我人生道路上的成長。

期許自己把自己的內心世界顧好，其他人也會因著量子糾纏而回到原有的穩定平衡中。

台灣台中，女，48歲，診所護理人員

我記得我參加量子轉念引導技術課程裡，嘉堡老師曾經問過我們學生一個簡單的問題，你們還記得上次快樂的事，是在什麼時候，請大家寫出來。當我拿起筆回想時，竟然發現自己內心不知道什麼是快樂，快樂是什麼？我何時生活過得如此麻木不仁？

我現在的生活小康穩定，先生疼愛我，小孩也算乖巧，我已經是很多人羨慕的生活對象，為什麼我的內心還是找不到快樂，直到我上完量子轉念高階班時，我才發現，我被我自己舊有的思想困住了，我的家庭現實狀態看是穩定，又好像有什麼不穩定的狀態，說不出那種感覺，直到我被雨曇老師引導完，我才發現我的內心，活在過去，停在我曾經傷痛的日子裡，沒有面對，沒有看清楚，以為時間可以淡化一切，以為只要讓自己成為女強人或是完美的家庭主婦，就可以改變一切，現在才發現一切都是錯錯錯，為什麼不快樂？因為我沒有勇氣面對過去一切的傷痛，只是一直戴著面具而活，所以麻木不仁。

當我上完高階課時，重新面對過去的自己，轉念後新的自己，我發現我的快樂，每天都在

發生，因為那是在我的內心而發起，我覺得我像孩子般的天真，像孩子般的勇敢，無所畏懼，老公常問我，老婆你上班累不累，我說累，身體累，但我心裡是開心的，快樂的，我覺得每天上班好像是在玩一樣的快樂。

說到此我真的要感恩嘉堡老師與雨曇老師的智慧與經驗，所創的量子轉念引導技術和課程來帶著我們離苦得樂。

台灣台南，女，37歲，複合式咖啡廳門市營運南區區長

這是我第一次學習著探索內心的轉念課程，多次聽艾珍乾媽分享著嘉堡老師這些年如何引領她，令她人生轉念的收穫和成長。

套用乾媽咪的話，趁年輕和嘉堡老師多學習，將來人生更美麗和精采，尤其是趁年輕就學習「用卡故哦」（台語，使用的比較久）……

就這樣憑著鼓勵、直覺、與信念，邀約學妹跟著乾媽咪與阿靖一起踏上學習的旅途。

這次的學習中，讓我印象最深的，就是了解「印記」對我們人生道路中的影響。從小到大我在一個充滿愛和溫暖的家庭成長，父母時時給予滿滿的支持和關愛，他們用心呵護經營著家庭生活，父母的愛令我從小到大內心是不匱乏，且幸福感十足的。

但在我十歲時期，父親公司被倒債，一夕之間家庭負債累累。

接著年紀尚小的我，從國小就展開了半工半讀的成長過程，每日下課就是要想辦法賺錢……內心總是安慰自己、鼓勵自己，要讓「父母開心」，什麼苦我都能吃，所以我要拼命賺錢給他們，只為換取他們的笑容。

維持好課業成績可以賺錢、一天兼三份工作也能賺錢。

每日的生活就是為「賺錢」所打拼，轉呀~轉呀~轉……

所以我習以為常的接受負面情緒，失落、傷心、難過……就這樣不斷的累積。支持自己的信念就是我要「爭氣」撐起家庭，讓父母開心。

直到在大學時期，突然遭逢九二一地震的無常巨變，令我把握機會想為人群付出，因此認識了慈濟，增添了我賺錢生活與課業生活外的學習志工之旅。

當志工與其說是付出，真正得到收穫的卻是我自己，從見苦中知道自己的幸福、時時感恩、珍惜著自己點滴所擁有的、努力付出再造福。

多年來漸漸讓自己將「苦」的感受，化解成幸福，看我所擁有。

時時刻刻為自己加油打氣。

在這次嘉堡老師引領的課程中，深深打動我的內心，學習中知道負面情緒，是要經過深層的消化，再轉變成「好」的能量。

了解存在的印記、要藉由進行轉化修正，以正面態度去接納，回歸到本質、就能得到平安、自在喜樂、的富足人生。時時供給身、心、靈、來吸收，成為有智慧的人。掌握和主導自己的生命。

「平行宇宙」讓我學習到過去、現在、未來是同時存在的。

生命的目的是證明存在，由創造體驗中來尋找自我的價值。

意識能創造整個物質世界，只要改變意識，就能改變和開創更好的未來，進而找到完整和精采的自己。

感恩嘉堡老師的帶領，讓我有這麼棒的學習與領悟，感恩有那麼多同學一同參與這次的課程；課程後又看到大家的心得分享，走入大家的生命歷程與故事，如上課中的分享。

「事故」轉完念，就是一個「故事」。

虔誠祝福人人，都能創造屬於自己的美好人生、與精采豐富故事。

期待後續課程再相見。

台灣台南，男，28歲，半導體製造業作業員

想起從小由祖父母養育照顧，跟父親及母親沒有相處過，因為父母那時都在監獄裡服刑，而祖母及阿姨都會告訴我，千萬不要告訴別人自己爸媽在服刑，怕別人用異樣的眼光來看我，為了不要讓人發現，每當同學聊到爸媽，或有人問我爸媽在從事什麼，都會覺得特別困擾，而

總要編個理由帶過。

祖父母非常愛我，所以那時候就沒有想太多，但就感覺好像哪裡不一樣，總覺得就是缺乏了什麼，雖然爸媽離婚，我選擇了爸爸這邊，但外公、外婆、阿姨也是很照顧我，後來媽媽服刑出來，但因長期沒接觸一直感到陌生，只願意粘著阿姨，後來有一天祖父家裡接到電話，說媽媽失蹤了，經過報警搜尋後，才在運河旁發現了媽媽，現在的我一直在想，如果那時候我願意親近媽媽一點，是不是媽媽就不會走上這條路，媽媽的事情對外只能說是生病，總覺得好像自己有很多的秘密不能說，也許是這樣的原因，讓自己有習慣偽裝跟保護自己的信念也比較在意別人眼光，到了國中畢業，祖父母沒辦法負擔我高職的學費，所以就離開了台南，到高雄高苑工商就讀，建教合作上課和上班，初期放假都會回台南家，後來有自己的生活圈，就疏於回家，後來祖母健康狀況越來越差，因失智而慢慢認不得我，那時候覺得很後悔，沒有放假回家多陪伴祖母，而在外生活這段時間，自己也有很多不順心的事情，現在才明白自己扭曲的印記影響太深，那時候很多事情跟壓力沒有人可以訴說，不斷壓抑的情緒，讓自己想法越來越偏激，覺得活的好累，很想自我毀滅，很多很多的負面想法，開始封閉自己的心，讓自己麻木沒感覺，活的就像一具喪屍一樣。

後來大學畢業退伍後回台南，雖然很想改變，但也許過去的扭曲的印記太深了，很大的無力感，內心情緒不斷的在惡性循環，也有去身心科就診吃藥，但覺得沒有什麼不同，感覺自己就像是在一個深淵裡，希望有一道微光能照進來，後來接觸在住家附近一間宮，說我是某神明的分靈，要修要去會靈及跑哪些廟，感覺並無任何轉變，就沒有再去了，之後閱讀了一些靈修及身心靈類書籍，導正了一些觀念，接觸佛教及瑜伽，開始修正一些思惟跟觀念，才開始覺得情緒方面有所轉變。

會參加課程是因在Google 電子書有五折優惠時，搜尋挑選中發現《量子轉念的效應》，當下雖然對量子並不了解，但就感覺這本書有什麼訊息要告訴我，閱讀之後在臉書上追蹤嘉堡老師的粉絲專頁，而不久剛好就有初階課程要開課，因為對書中的觀念跟技術很有興趣，所以就馬上詢問報名了。

這兩天的初階課程收穫很多，老師講解的很仔細及有趣，在情境模式也了解到印記如何影響我們，大部分我們都只是依照自己認知想法去解讀，聽自己想聽的，說自己想說的，截取片段的訊息，而不是事實的真相，彼此誤解傷害，造成扭曲的印記，不斷的惡性循環~

課程後也讓自己不斷憶起封印深處不想面對的記憶，過去一直都選擇逃避的方式，現在開始學習如何面對、接受、處理、放下，會繼續學習精進，修正過去的印記，找回內在的力量，創造自己存在的價值。

非常感恩嘉堡老師及一同學習的同學們，祝福一切，感恩一切。

台灣台北，女，38歲，公司會計

小時跟著父母信仰接觸了宗教，跟著大人繁文縟節的儀式虔誠的跪拜和在台下聽著傳道者講說經文，想著人們無非是想借由信仰讓心靈得到滋潤，而抓著看似強有力的療法以解決問題，不斷的向外求答案，但我們往往在「看見自己」這方面很缺乏，了解外面沒有別人只有自己，真正的神性是在我們心中。

感謝嘉堡老師以科學角度用淺顯易懂的方法教導，讓我對「意識創造實相」有清楚的了解，在引導過程中發現原來「信念模式」和「創傷情緒印記」是如何無意識的影響著我的生活，以為告訴自己遇到任何阻礙只要保持正面思考一切都會過去的，事實上問題並沒有解決，只是暫時被蓋住而已，就如老師所說的戰逃機制在作用罷了。

課程中了解到每個人的人生課題不同，從原生家庭及成長道路上遇到的人事物，看似無關緊要的事故或者言行，都有可能會因無心間接或直接造成自己或別人的印記而不自知，故需提醒在生活中覺察自己的起心動念，雖然這條路不好走，是自己選擇來體驗的，首先要學習的是面對自己，要做的是如何「愛自己」及「接納自己」，只有療癒了自己才能看光明，生活便是修行，一切都是最好的安排！

台灣台南，男，41歲，鑽石銷售顧問

這是我生平第一次為自己報名的課程，完全不需要任何人的意見，也不需要跟任何人作太多的解釋，就這樣憑著直覺與信念，踏上學習的旅途。

平日我喜歡看書，唯有看書的時候，才能讓內心稍微感到平靜與踏實…所以我的書櫃、書架、主臥房的某個角落、床頭櫃、書桌……都放著各式各類的書，但有時那種莫名的空虛和不安，還是會悄悄湧上心頭，直到去年拜讀嘉堡老師的著作《量子轉念的效應》，當下內心的某個角落彷彿被點亮了。

在這次的學習中，讓我印象最深的，就是了解扭曲印記對我們的影響。

有時我很思念我的父親，他在我十九歲的時候，就從地球上畢業了，三兄弟當中，唯獨我最受父親的疼愛，也因此他對我有很深的影響，記得從小父親最常對我說的名言就是：吃得苦中苦，方為人上人。

所以在成長過程中，每次只要遇到不順遂的時候，我就會拿父親說過的名言來安慰自己、鼓勵自己，所以我習以為常的接受所有的負面情緒，失落、背叛、傷心、難過…就這樣不斷累積還當作是練功升等一樣，但卻又不時懷疑，這樣真的會成為人上人嗎？而有些苦實在太苦了，再繼續硬吞下去，可能連人都沒辦法好好做了，更何況是人上人。

經過這次的學習，我對這句名言有不同的解讀，所謂吃得苦中苦，是要懂得把吃進去的苦

（負面），經過「完整」的消化，再轉變成好的能量供給身心靈吸收，而方為人上人的解讀就是，要學習「轉念」的技巧成為有智慧的人。

我們三兄弟是完全不同的個性，哥哥大我五歲，弟弟小我八歲，排行老二的我從小就懂得如何去接受、禮讓以及察言觀色……直到嘉堡老師請我和尚文上台演兄弟的情境劇時，這才發現，原來那時候我的接受和禮讓都是偽裝出來的，目的只是為了讓父母感到我是個懂事的孩子，突然想起有一次，我連一口餅乾都沒吃到，就全部都歸弟弟所有…又想起長大後，哥哥一口氣拜光了家產，我連吭都沒吭一聲……

回到座位上，我才開始為自己的壓抑感到心疼，也告訴自己，日後就算面對無法改變的事實，也一定要鼓起勇氣，誠實表達自己內心真正的感受。

過去總是無法誠實表達內心真正的感受，卻又是強烈區分愛恨情仇，經過這一次的學習，我知道我不再是受害者，應該要對生命掌握主導權和負責的態度，同時還要對我生命中所扮演著各個不同的角色說聲：謝謝。

不論我們現在和過去是建立在什麼樣的關係上，產生什麼樣的情感，衝擊出什麼樣的火花，這些全是來到這一世前所計畫好的，一切的一切為了能幫助我能再次成長，進而找到完整的自己。

學無止境，是為了找到自己的價值，而宇宙因不斷創造中，讓完美沒有終點，感謝嘉堡老師的帶領，讓我有這麼棒的學習與領悟，也很開心有那麼多同學一同參與這次的課程，雖然大家是第一次見面，特別的是，每個人都讓我感到格外的眼熟、親切。

最後推薦大家另一本書，嘉堡老師和雨曇老師合著《我是我自己生命的治療師》（瑞成書局），這是一個很感動的故事，能為大家在靈性上有不同層面的看見。

如嘉堡老師上課中分享的，「事故」轉完念就只是一個「故事」，祝福每一個人，都能順利創造屬於自己獨一無二的精采故事。

台灣高雄，女，42歲，專業芳療美療師

《量子轉念的效應》這本書的機緣是在FB上面搜尋到的，那給我的感觸就是用科學語言輔佐平易近人的筆觸，左右腦平衡的思惟來撰寫我們長久探索的身心靈秘境，讓我了解到心想事不成，原來是埋在心裡土壤已久的印記糾纏了我們。

我是一位芳療美療師，近年來在我的服務領域裡，流行著身心靈的學習，也流行著用「身心靈」包裝的產品，而我深深地認為內心沒有改變，我們給出的服務只能夠短暫的減少身體疼痛，服務顧客的我，在「量子轉念技術系列課程」與《量子轉念的效應》一書裡，獲得的是「痛苦」流竄於身心靈是印記所造成的，技術裡的核心告訴我們，對事件理解錯亂＋負面情緒記憶，等於是我們自己創造給自己建構的痛苦，然而自己設的障礙靠自己藉由技術教導的技巧來

解構。

學習「量子轉念技術課程完整三階」，讓身為最容易觸及身心靈議題的我，先看到自己的印記所帶給自己的痛苦，進而藉由完整學習到的量子轉念引導技術，將造成自己痛苦的信念成因與脈絡搞清楚是如何形成的，搞清楚後再重新用真善美的角度去看待原來的實相，信念的維度調整了，情緒、行動、認知的反應自然也與往日不同，回到服務的現場，更能陪伴顧客看見自己的價值。

在真實生活實境裡，一對一引導更是一個重要的歷程，專業引導師伴陪著我鬆動自己緊綁自己的限制信念，耐心的聆聽，耐心的陪伴，不放棄的找出形成印記的一切相關訊息，引導我去看印記要我看見什麼樣的教育寓意。在學習歷程是有這麼一段說，印記是中性的無分好壞，從印記結構狀態裡去看哪裡扭曲，既然印記無分絕對的好壞，一定會給我們帶來禮物，專業的引導師在引導我們的歷程，領我們看見了不斷障礙我們的障礙石，拿開障礙石下到底是什麼？牽引著我們環繞著印記，用全息的鳥瞰視角去看待印記，去覺察無限的可能。

再回到生活裡 踏實落地的用所學習到的觀念重置信念開心地生活~~（在這裡我要由衷地感謝嘉堡老師與家安老師的專業引導）

學習量子轉念引導技術系列課程，有別於縹緲的身心靈課程，具體理性有脈絡而不失感性的理解。「可以分享的很多可是篇幅有限」，印記很可愛，給我們碍，也給我們愛，量子轉念引導技術系列課程就是在教我們解開信念的糾結。

致謝

《量子轉念的效應：逆轉生命印記，重返覺醒人生》這本書能順利成書出版，是有段令我自己都感覺到神奇的事。

在二〇一五年十一月完稿時，因邀請Keshin寫推薦文的緣故，她轉介紹商周出版社的徐藍萍總編給我認識，我當時正在馬來西亞及新加坡授課，與藍萍總編在國際長途電話上初步的交流。

說也奇怪，像是認識很久的老朋友一樣，彼此也不客套以名字不加職稱的互稱。回台後藍萍邀我北上到出版社參觀，同時想當面再相互了解。在交流後，藍萍告訴我決定出版這本書的結果，原因是這本是少數在坊間把心靈意識與量子理論能以較清晰脈絡的關聯呈現出來，而非僅是標籤式的含糊帶過的著作。她的答案讓我十分佩服她敏銳的觀察力，因為這正是我想表達出理性與靈性融合的意識中道之路，也非常感謝藍萍讓《量子轉念的效應》以書本成品的方式與大眾見面，更是對我在二〇一三年受到集體潛意識場智慧訊息啟示後，決心拋開過去十年虛幻的身分，邁向順從自己生命藍圖之路的肯定。同時，也感謝她毫不猶豫的讓《量子轉念的效應2：翱翔於量子心靈、多維時空、全息意識場》繼續出版，也感謝所有商周出版社第七編輯室所有協助成書的工作者，以及所有協助我完成本書的讀者、個案、學員還有我的伴侶雨曇，父母和家人們的愛與支持。

當然，還要感謝布達賀、集體潛意識場智慧，和正在閱讀與購買本書的你及你的靈魂意識。

二〇一八年三月二十四日 陳嘉堡

國家圖書館出版品預行編目 (CIP) 資料

量子轉念的效應．2：翱翔於量子心靈、多維時空、全息意識場 / 陳嘉堡著．-- 初版．-- 臺北市：商周出版：家庭傳媒城邦分公司發行 ,2018.06

面； 公分

ISBN 978-986-477-488-3(平裝)

1. 靈修

192.1 107009341

量子轉念的效應 2：翱翔於量子心靈、多維時空、全息意識場

作　　者　陳嘉堡
企畫選書　徐藍萍
責任編輯　徐藍萍

版　　權　翁靜如、吳亭儀
行銷業務　王瑜、闕睿甫
總 編 輯　徐藍萍
總 經 理　彭之琬
發 行 人　何飛鵬
法律顧問　元禾法律事務所王子文律師
出　　版　商周出版　台北市南港區昆陽街 16 號 4 樓
電話：(02) 25007008　傳真：(02)25007759
E-mail：ct-bwp@cite.com.tw　Blog：http://bwp25007008.pixnet.net/blog
發　　行　英屬蓋曼群島商家庭傳媒股份有限公司城邦分公司
台北市南港區昆陽街 16 號 5 樓
書虫客服服務專線：02-25007718　02-25007719
24 小時傳真服務：02-25001990　02-25001991
服務時間：週一至週五 9:30-12:00　13:30-17:00
劃撥帳號：19863813　戶名：書虫股份有限公司
讀者服務信箱 E-mail：service@readingclub.com.tw
香港發行所　城邦（香港）出版集團有限公司　香港灣仔駱克道 193 號東超商業中心 1 樓
E-mail: hkcite@biznetvigator.com　電話：(852)25086231　傳真：(852)25789337
馬新發行所　城邦（馬新）出版集團 Cite (M) Sdn Bhd
41, Jalan Radin Anum, Bandar Baru Sri Petaling, 57000 Kuala Lumpur, Malaysia.
Tel: (603) 90578822　Fax: (603) 90576622　Email: cite@cite.com.my

設　　計　李東記
印　　刷　卡樂彩色製版印刷股份有限公司
總 經 銷　聯合發行股份有限公司　新北市 231 新店區寶橋路 235 巷 6 弄 6 號 2 樓
電話：(02) 2917-8022　傳真：(02) 2911-0053

■2018 年 6 月 28 日初版
■2024 年 4 月 9 日初版 4 刷
定價 350 元

城邦讀書花園
www.cite.com.tw

Printed in Taiwan

ISBN 978-986-477-488-3